JN438191

내가 걸어온
다섯 고개의 숲

박찬억 회고록

문학공원 산문집 65

어느 산림공무원이 걸어온 길

내가 걸어온 다섯 고개의 숲

박찬억 회고록

내가 걸어온 인생은 다섯 고개의 숲이라 생각합니다
뿌리라는 생명의 숲, 배움이라는 지혜의 숲, 일터라는 성장의 숲,
휴식이라는 충전의 숲, 나눔이라는 봉사의 숲에서 저는 평생을 살았습니다

문학공원

<책을 펴내며>

내가 걸어온 다섯 고개의 숲

나는 경기도 포천 산골마을에서 농사꾼의 아들로 태어나, 3살 나이에 아버지를 급성 맹장염(복막염)으로 갑자기 잃어버리고 홀로 남은 어머니와 다섯 누이들과 함께 가난하고 힘들었던 환경에서 꿋꿋하게 성장하여 한두 번의 실패에도 좌절하지 않고 도전하였습니다.

고등학교를 졸업한 후 20대 초반에 공무원시험에 두 번이나 낙방하였어도 포기하지 않고 3수 끝에 합격한 후 공인에 입문하여 서른다섯 해 넘게 공직자로 먼 길을 걸어왔습니다. 그 여정은 보람되고 기쁘고 힘들고 아리고 슬픈 일의 연속이었습니다. 그럴 때마다 떠오르는 사람은 동고동락했던 직원들과 옆에서 묵묵히 지켜준 그리운 사람들이었습니다.

삶의 변화가 생기고 마음의 울림이 있을 때마다 차곡차곡 적어서 아쉬움을 달래 오고 있었습니다. 세월이 흘러 어느덧 고희(古稀)가 되어 그동안 직접 부딪쳤던 일들을 하나하나 되새기면서 손때가 묻은 글을 모아 오늘에 이르게 되었습니다.

내가 걸어온 인생은 다섯 고개의 숲이라 생각합니다. 뿌리라는 생명의 숲, 배움이라는 지혜의 숲, 일터라는 성장의 숲, 휴식이라는 충전의 숲, 나눔이라는 봉사의 숲에서 저는 평생을 살았습니다. 그래서 이 책도 5부로 나누어 실제로 겪었던 일들의 경위와 과정을 기록한 일종의 학술서적이 아니라 사례집 성격으로 엮어 보았습니다.

글 솜씨는 아직 걸음마 수준이라 많이 부족하며 내용이 보잘 것 없는 졸고(拙稿)입니다. 그러나 깨달음을 통해 고운 세상으로 가는 디딤돌이 되었으면 하는 바램을 담아 용기를 내어 글을 엮어봅니다.

그동안 본 회고록을 출판하는데 수고를 아끼지 않으신 김순진 고려대 평생교육원 교수님과 전하라 편집장님, 그리고 김초롱 디자이너님께 감사드립니다.

마지막으로 공인의 삶 35년 동안 긴장과 절제 속에서 살아야 했던 지하에서 잠들어 계신 자랑스런 어머니와 주변에서 아무 말 없이 응원해준 다섯 누이들, 그리고 나의 아내와 아들, 딸, 며느리에게 미안한 마음과 함께 고마움의 뜻을 전하고 싶습니다. 이들이 없었더라면 나의 공직생활도 불가능했을 것입니다.

2021년 겨울

반월산 기슭에서 왕방산을 바라보면서

송재(松齋) **박 찬 억**

<아들, 며느리의 감사 글>

좋은 아버지이자 훌륭한 아버지

아버지의 70번째 생신을 축하드립니다.

그리고 책의 지면을 통해 아버지에게 회고록 출간에 대한 축하와 그간의 감사인사를 전할 기회를 주셔서 진심으로 감사드립니다. 큰 잔치로 보답해드려야 하는데, 코로나19로 인해 그렇게 해드리지 못해 마음이 무겁습니다. 이러한 어려운 상황에서도 도리어 저희 자식들과 손주들에게 소중한 글귀로 큰 선물을 주시는 것 같아 너무나도 영광스러운 일이 아닐 수 없습니다.

이 회고록은 70년 동안 저와 가장 가까운 분인 아버지 박찬억님께서 삶의 값진 경험을 토대로 본인의 역사를 정리한 것입니다. 늘 한결같고, 꼼꼼하며, 끈기 있는 모습으로 인생을 살아오셨기 때문에, 내공과 연륜, 그리고 좋은 글 솜씨로 작품을 완성하셨을 것이라 생각됩니다. 앞으로 남겨주신 삶의 철학과 교훈은 제 인생의 지침서로 삼고, 저의 아들 재현이와 딸 재희에게도 꼭 읽어야 할 책이 될 것입니다.

늘 자식들을 위해 100퍼센트 이상으로 헌신해주신 그간의 사랑과 노고에 감사드립니다. 아버지는 곧 아들 삶의 거울이라고 합니다. 어찌 보면 저의 인생도 아버지의 그것과 많이 닮아 있는 것 같습니다.

삶의 가까이에서 지켜보며 자연스레 제 몸과 마음에 스며든 교훈들을 되새기며 저도 몇 가지 다짐을 해봅니다. 저도 가정과 직장에서 자식으로 아빠로 그리고 사회인으로 제 역할을 다하겠습니다. 아울러, 남겨주신 회고록은 오랜 세월동안 재현과 재희, 그들의 자식들도 읽을 수 있도록 소중한 가보로 남기겠습니다.

마지막으로 40년이 넘는 세월동안 좋은 아버지 훌륭한 아버지로 살아주셔서 감사드리며, 또 사랑합니다. 자식들에게 쏟아주신 큰 사랑은 제 아들과 딸에게도 베풀 수 있는 좋은 아버지가 되고, 그들에게 하나라도 좋은 본보기를 보일 수 있는 사람이 되겠습니다.

미국 제26대 대통령인 루즈벨트의 명언은 아버지 삶의 경로와 많이 닮아 있어 눈길이 더 가고 머릿속에 오래 머무릅니다. 이를 옮기며 두서없는 글을 마치고자 합니다.

"이곳에서의 삶은 한 번뿐이다. 그러니 부드럽고 즐거운 시간만 누리려 들지 말고 끊임없이 시도하고 성취해야 한다."

- 시어도어 루스벨트

며느리 이혜림, 손자 박재현, 손녀 박재희의 감사한 마음을 함께 담아 아들 박경훈이 대표로 올립니다.

<축하편지>

신축(辛丑)년 고희(古稀)를 맞아 아들, 며느리, 손자, 손녀의 축하편지

- 아들

생신 축하드립니다.

70번째 생신은 크고 뜻 깊게 차려 드리고 싶었는데
여러 상황이 많이 아쉽습니다.
그러나 늘 건강 잘 유지하시면 기쁜 날은 언제나 돌아오게
마련입니다. 기대하세요.
금년 저도 승진과 여러 좋은 일이 있었습니다.
절기가 아버지 70번째 생신과 잘 맞아 떨어진 것 같습니다.
꼭 건강하시고 아들, 며느리, 손자들이 잘되고 크는 모습
봐 주세요.
사랑합니다.

- 며느리

70번째 생신을 축하드려요
그동안 한결같이 가족 모두의 버팀목이 되어주시고
묵묵하게 애써 주셔서 너무너무 감사드려요.
앞으로 더욱 건강하시고요.
이젠 좀 더 편하게 행복하게 지내셨음 해요.
아이들을 키워보니…
아직 얼마 안 되었어도 부모님의 시간을, 그리고 사랑을
채 다 이해 못 하는 것 같아요.
매번 앞에 닥친 일들로 종종거리지만,
저희에게 보여주시는 믿음과 배려로 늘
힘을 내어요.
뭣보다 건강하시고
앞으로 좋은 일만 가득! 하시길요!

혜림 드림

- 손녀

할아버지께

할아버지 생신 축하드려요.

방학마다 잘 돌봐주셔서 감사해요.

그리고 코로나 때문에 많이는 못 봐서 아쉬워요.

70번째 생신

축하드려요.

재희가

- 손자

생신 축하드려요. 할아버지.
저희를 사랑해주시고 생각해주셔서 감사해요.
그동안 아빠를 키우시느라 고생 많으셨어요.
이제는 좀 쉬시면서 편안한 노후생활 보내셨으면 좋겠어요.
저도 할아버지께 자랑스러운 학생이자
손자가 될 수 있도록 노력해 볼게요.
매번 힘들게 해드려서 죄송하고 생신만큼은 즐거운
하루 보내세요!

손자 박재현 올림

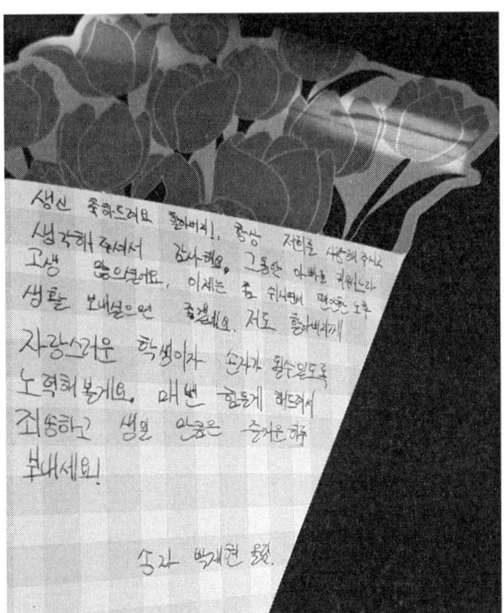
생신 축하드려요 할아버지! 항상 저희를 사랑해 주시고
생각해 주셔서 감사해요. 그동안 아빠를 키우시느라
고생 많으셨어요. 이제는 좀 쉬시면서 편안한 노후
생활 보내셨으면 좋겠어요. 저도 할아버지께
자랑스러운 학생이자 손자가 될수있도록
노력해 볼게요. 매번 힘들게 해드려서
죄송하고 생신 만큼은 즐거운 하루
보내세요!

손자 박재현 올림.

차례

1부. 뿌리라는 생명의 숲

2부. 배움이라는 지혜의 숲

3부. 일터라는 성장의 숲

4부 휴식이라는 충전의 숲

5부 나눔이라는 봉사의 숲

1부

뿌리라는 생명의 숲

관직(官職)의 DNA

나는 1952년 음력 8월에 경기도 포천군 가산면 금현리에서 아버지 용석(容錫, 字 三俊), 어머니 정정순(鄭正舜) 사이에 여섯 남매 중 외아들로 태어났다. 내 위로는 누님 네 분이 계셨고 밑으로는 여동생이 있었다.

내가 태어나던 해는 6.25동란의 한가운데 있었다. 우리 동네는 3.8선과 그리 멀지 않은 곳이었으므로 전쟁의 직접적인 피해의 한가운데 있었다. 훗날 피란을 갔다 온 어른들의 말씀을 들어보면 다리며 도로, 집은 거의 파괴되었고 논이나 밭에는 버드나무가 자라고 있었다고 한다.

나의 관향은 밀양(密陽)이며 시조는 박혁거세(朴赫居世)로 나는 시조로부터 66세손이며 중시조(中始祖)로부터는 25세손이다. 7대조 도후(道厚), 도환(道煥) 형제분이 황해도 평산군에서 사시다가 경기도 포천군 가산면으로 전입하여 정착하심으로 해서 내가 가산면에서 태어나게 된 근거가 되었다.

9대조 할아버지 화동(和東)은 오위도총부 도총관(五衛都摠府

都摠管)을 역임하셨는데 이는 정2품의 벼슬로 1466년(세조 12) 관제개혁으로 종전의 오위진무소가 오위도총부로 바뀌면서, 그 최고 책임자인 도진무도 도총관으로 바뀌었다.

8대조 할아버지 제덕(齊德)은 황해도 평산군에서 사셨는데 통정대부 중추부사(通政大夫 中樞府事)를 지내셨으며 이는 중추부라는 부서의 장급 벼슬로 정2품의 벼슬이었다.

7대조 할아버지 도후(道厚)는 사복시정(司僕寺正)을 지내셨다. 사복시정이라 함은 조선시대에, 사복시에 속한 정3품의 벼슬이었다. 사복시정은 사복시의 최고 벼슬이었고, 아래로 부정(副正)이란 벼슬이 있었다.

6대조 할아버지 장원(長元)께서는 공조참의(工曹參議)를 지내셨는데, 조선시대에는 이조, 호조, 예조, 병조, 형조, 공조 등 6조의 기관이 있었다. 각각 이조는 문선(文選)·훈봉(勳封)·고과(考課), 호조는 호구(戶口)·공직(貢職)·전량(田糧)·식화(食貨)를 맡았다. 예조는 예악(禮樂)·제사(祭祀)·연향(宴享)·조빙(朝聘)·학교(學校)·과거(科擧)를 맡았다. 병조는 무선(武選)·군무(軍務)·의위(儀衛)·우역(郵驛)·병갑(兵甲)·기장(器仗)·문호(門戶)·관약(管貿)을 맡았다. 형조는 법률(法律)·상언(詳嵋)·사송(詞訟)·노예(奴隷), 공조는 산택(山澤)·공장(工匠)·영선(營繕)·도야(陶冶)에 관한 정사를 맡았다. 그렇게 6조에는 수장인 판서와 참판 등이 있었으며 그 아래 참의란 벼슬이 있었으니 정3품의 벼슬이었다.

5대조 할아버지 효인(孝仁)은 통정대부 첨지중추부사(通政大夫

僉知中樞府事)를 지내셨는데 이는 중추부라는 부서의 장급 벼슬로 정2품의 벼슬이었다.

나의 고조부 원회(元會)께서는 순조 때 무과중군(武科中軍)을 역임하셨는데 이는 각 군영(軍營)의 대장 또는 사(使)에 버금가는 장관(將官)의 직책으로 조선시대 종2품에 해당하는 무과 관직이었다.

나의 증조부 승현(承鉉)과 할아버지 태병(泰秉), 아버지 용석(容錫, 字 三俊)께서는 가산면에서 농사일을 하셨지만 내가 공무원으로 근무하며 봉사할 수 있었던 것은 대대로 이어온 관직에 대한 DNA가 뿌리 깊게 들어있었다고 해도 과언이 아니다.

갑자기 타개하신 아버지

아버지는 고향인 가산면에서 농사일을 하시면서 18살 되던 해에 서울시 종로구 명륜동 동래정씨(東萊鄭氏) 가문에서 외동딸로 태어나신 어머니와 몇 년간 함께 살다가 혼인을 하게 된다. 그때 어머니의 나이는 12살이었다.

부모님께서 결혼을 할 때만 하더라도 남아선호사상이 팽배해 있었고, 전염병과 일찍 죽는 사람들이 많은 관계로 조혼과 민며느리제도의 풍습이 남아있어서 열두 살밖에 되지 않는 신부를 데려다가 기르다시피 하여 결혼을 하는 풍습이 만연해있었다.

아버지는 어머니와 그렇게 일찍 결혼하여 오손도손 다복하게 살았다. 그런데 내가 세 살이던 1954년 가을에 벼 타작을 마친 후 동네 방앗간에서 쌀을 쪄가지고 집에 오자마자 배가 아프다면서 사경을 헤매게 되었다.

그러나 시골이었던 당시의 가산면은 인근에 치료를 할 수 있는 병원이 없었다. 이에 임시방편이자 민간요법으로 온 가족이 정성을 모아 치료를 했지만 한계가 있었다.

그래서 마을주변의 군부대에서 훈련을 하고 있는 군인에게 사정 이야기를 하면서 도와달라고 하니까 군의관이 와서 아버지의 아프다는 부위를 주사기로 찔러 피고름이 있는 것을 확인하더니 복막염으로 맹장이 터졌다고 했다.

아버지는 그렇게 하루아침에 42살의 젊은 나이로 세상을 마감하고 말았다. 이후 어머니와 우리 6남매의 삶은 고단할 수밖에 없는 수렁으로 빠져들기 시작했다.

어머니의 고된 삶

우리 아버지는 작은 아들로 한동네에 할아버지와 큰아버지가 살고 계신 큰댁이 있었다. 큰댁에는 조부모님과 백부모님 슬하에는 2남 1녀가 있었다. 큰댁에 갑작스럽게 일이 일어난 것이다.

큰댁에 맏형은 중등교육을 받은 후 혼인하여 오순도순 살고 있었는데 어느 날 갑자기 원인도 모르는 죽음을 당했다. 그때의 사고를 생생하게 기억하는 할아버지를 비롯한 모든 식구들이 이곳에서는 살 수 없으셨는지 고향을 등지고 불가피하게 신북면 만세교리의 둘째 고모(고모부 裵公仁)가 살고 있는 인근으로 이사를 하셨다.

큰댁이 이사를 가자 6남매를 길러내야 하는 어머니는 당장 의지할 곳이 없어지고 말았다. 그래서 아버지의 3년 상을 치른 후, 우리 집도 큰댁이 살고 있는 인접으로 이사를 하게 되었다. 그렇지만 어머니 혼자 가사를 꾸려나간다는 것은 쉬운 일이 아니었다. 이에 아버지가 돌아가신 후 우리 집은 급격하게 가세가 기울기 시작했다.

그때 어머니는 36세의 꽃다운 나이로 슬하에는 1남 5녀가 있었다.

우리가 이사한 집은 방 2칸과 부엌 1칸에 초가집이었다. 그때 포천지역 일반적인 가옥 형태가 본채의 기역자(ㄱ)집과 사랑채와 외양간이 감싸 안은 듯한 니은자(ㄴ)집 이 모인 입구자(ㅁ) 형태이거나 대부분 기역자(ㄱ)집이었던 것과는 달리 우리 집은 오두막집 형태의 한일자(一)집이었다. 그 당시 큰누님은 출가했으니 여섯 식구가 살기에는 턱없이 비좁은 집이었지만 선택의 여지가 없이 우리는 그 집에서 살아야만 했다.

그곳에서 어머니는 누나 등 5식구의 생계를 위하여 밤낮을 가리지 않고 농사일 등에 전념하셨다. 그 당시 생계수단이라야 논과 밭에 작물을 심어 수확하는 일 외에 달리 생계를 꾸려가는 방법은 없었다.

특히 모내기철에는 품앗이를 해야 함으로 여성의 몸으로 날마다 품앗이를 다니는 일은 쉽지 않은 일이었다. 날마다 새벽에 일어나셔서 남자 못지않게 남의 일을 한 후 밤늦게 집으로 돌아오시곤 했다. 그러니 여자의 몸으로 감당하기가 얼마나 어려웠을까? 지금 생각하면 어머니가 너무 불쌍하고 고마워서 눈물이 앞을 가린다.

모내기가 끝나도 일은 줄어들지 않았다. 여름철에는 누에를 길렀다. 누에고치 생산시기에는 대중 버스를 이용하여 첩첩산중 깊은 산골에 가셔서 뽕잎을 채취하여 두 보따리를 보자기에 싸맨

▲ 어머니 정정순(鄭正舜)

다. 한 보따리는 멜빵을 이용하여 등에 짊어지고 또 한 보따리는 머리 위에 이고 집으로 오려니 얼마나 무거우셨을까? 어머니가 오신 후 마루에 툭하고 뽕잎 보따리를 내려놓는 소리가 지금도 가슴이 철렁 내려앉으니 어린 시절 내 맘에도 엄마가 안쓰러웠던 기억이 생생하다.

어머니의 일은 철이 바뀌어도 여전히 힘들게 다가왔다. 가을철에는 우리 논의 벼를 베기 위하여 남의 집 논의 벼 베기를 하시며 일꾼을 품으로 사 모으셨다. 그런 고된 논농사뿐만 아니라 우리들의 먹거리와 학비를 책임지기 위해 늘 채마밭을 돌보셔야만 했다.

일이 끝나기가 무섭게 밭에서 열무를 힘에 겹도록 잔득 뽑아 가지고 오셔서 혼자 밤이 새도록 졸면서 짚으로 열무단을 묶던 모습은 지금도 눈에 선하다. 아침 해가 뜨기도 전에 어머니는 밤새 묶은 열무단을 보따리에 싸서 버스에 싣고 가 포천새벽시장에 팔아서 우리들의 학비는 물론 입성과 먹성을 책임지셨던 것이다.

그뿐만이 아니다. 치마폭에 주렁주렁 달린 아이들은 늘 엄마의

짐이 되었다. 그래서 겨울철 농한기면 남들은 먹기 내기 화투를 치는 등 놀이로 시간을 보냈는데, 어머니는 그렇게 한가로이 놀 수만은 없었다. 그래서 어머니는 머리에 그릇을 이고 그릇장사를 다니셨다. 그 무거운 그릇을 머리에 이고 수백리 길을 발이 닳도록 돌아다니면서 그릇을 팔았다. 그러나 당시의 생활수준은 돈으로 그릇 값을 주는 것이 아니라 곡식으로 주었기 때문에 장사를 마치고 돌아오는 길은 홀가분한 길이 아니라 머리에 인 곡식의 보따리가 목을 짓누르는 고통스러운 귀향길이었다.

게다가 당시의 난방과 음식 조리방법을 책임지는 것은 지금처럼 가스나 석유가 아니라 화목이었다. 여느 집처럼 남자들이 나무를 해다 쌓아주며 밥을 해달라는 것도 아니고, 손수 밥도 해야 하고 땔감도 챙겨야 하는 어머니에겐 삶의 고통이 이중삼중으로 힘이 들었을 것 같다.

남자와 똑같은 지게를 지고 산에 가서 나무를 하고나면, 힘에 겹도록 잔뜩 짊어지고 돌아와 집 마당에 부려놓을 때 쿵하는 소리와 함께 '아이구 힘들다.'라고 하시는 소리를 들을 때마다 내 작은 가슴이 메어지곤 했다.

아마도 그때 어머니께서 남자 못지않게 힘든 일을 하셨기에 우리 가족의 생계를 꾸려갈 수 있지만 그 후유증으로 몸속의 모든 뼈는 으스러지고 틀어져 훗날 어머니는 고통으로 힘든 노후를 보내셔야만 했다.

엄마의 지극 정성

내가 자랄 당시만 해도 쌀이 귀할 때라 우리는 여름철이면 거의 매일 보리밥만 먹었다. 여름을 제외한 가을, 겨울, 봄 등 세 계절에는 쌀을 조금 넣고 보리쌀을 많이 섞어 밥을 했지만, 내 밥에는 쌀과 보리를 반반씩 섞어서 퍼주셨다. 아들이라고 그랬던 것 같다.

한 번은 둘째 매형이 집에 오셨다. 매형네 집은 그 시기에도 쌀 걱정은 안하고 잘 살았던 것 같다. 엄마는 사위가 왔다고 보리쌀에 섞어놓은 쌀을 밤새도록 한 알 한 알 골라 모아서 사위의 흰밥을 해주셨다. 아침에 사위의 밥상을 차린 것을 보면서 나는 깜짝 놀랐다. 어머니의 자존심은 조금도 사위나 남에게 뒤지고 싶지 않으셨던 것 같다.

가을철 수확을 하고 나면 엄마는 고사(告祀)를 지내셨다. 햅쌀과 팥으로 고사떡을 만들어 안방, 윗방, 장독간과 댓돌 등에 더운 김이 무럭무럭 나오는 시루떡과 깨끗한 정화수를 올려놓고 두 손을 합장하여 빌고 빌며 기도하는 어머니에게는 6남매가 모두 건강하게 자라주기를 바라는 소원이 있었던 것이다.

어머니는 고사떡을 올려놓을 때만 기도를 올리시는 것이 아니라 늘 방에서나 마당에서 정화수를 떠놓고 우리 아들이 고뿔이라도 들거나, 또 밥을 잘 먹지 않아도 빌고 비셨던 것이다. 그래서 어머니의 기도 덕에 내가 이만큼 성장하고 살았던 것 같다.

엄마의 기도처는 따로 없었다. 안방에도 뒤꼍에도 굴뚝에도 부엌 아궁이도 귀신이 있다고 생각하셨던 것 같다. 그래서 엄마는 늘 조심조심 빌고 비는 삶을 사셨던 것 같다. 엄마는 나와 같이 자고 있는 안방에 두서너 되 되는 양의 쌀을 하얀 창호지에 담아 묶어서 누우면 보이는 벽면에 걸어놓으셨다. 나는 그것을 왜 걸어 놓는지도 몰랐다. 혹시 귀신 쫒는 방법이 아닌가 하고 생각하며 궁금했었다.

그리고 2,3년이 지난 후 언젠가 여름에 한 번은 쌀밥을 지어주셨다. 보리밥만 먹던 시기에 쌀밥을 주시니 누나들과 나는 눈이 휘둥그렇게 뜨며 꿀맛으로 먹은 적이 있다. 이 여름철에 이밥이라니 참으로 꿀맛이다. 어머니께서 먼지가 켜켜 묻은 시커먼 창호지 안에 있는 묵은 쌀로 밥을 지어주셨는데, 아마도 그 시기에는 쌀이 귀해서 미리 남겨 두었다가 아들 먹이려는 생각을 하신 것이 아닐까 하는 생각도 든다. 혹시나 누가 아프면 쌀죽이라도 끓여주시려고 준비를 해두신 건 아닌가 하는 생각도 든다.

무서리가 내리면 어머니는 짬짬이 야산에서 솔가리를 긁고 삭정이를 꺾어다가 겨우살이 준비를 하셨다. 아궁이에 불을 지펴

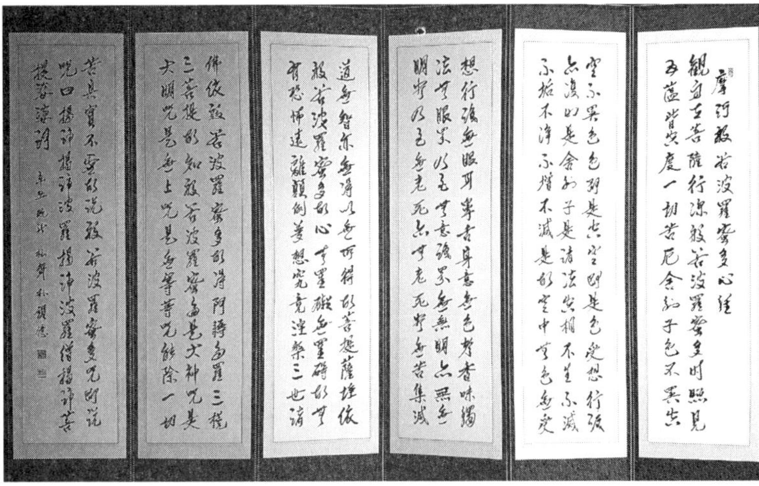

▲ 필자가 직접 쓴 반야심경, 포천문화예술인협회 제32회 정기회원전 출품

저녁을 지으며 온종일 밖에서 딱지치기, 구슬치기, 팽이치기와 썰매타기 등으로 얼굴이 발그레한 나를 잉걸불[1] 앞에 끌어당겨 언 몸을 녹여주셨다.

참나무에 얹혀사는 겨우살이처럼 나는 어머니 등에 기대어 따뜻한 겨울을 보냈다. 당신의 극진한 정성이 모든 화를 밀어냈을까. 겨울에 나뭇잎이 떨어져 자신은 헐벗어도 겨우살이에 연둣빛을 안겨주는 참나무처럼 자신은 시달려도 푸른 둥지를 만들어 주려는 어머니의 사랑은 세상의 눈바람을 막아주는 울타리였다.

삼십대 중반 젊은 시절에 아버지를 먼저 하늘나라로 보내시고 온갖 풍파를 겪으시면서 홀로 가정을 지켜 오신 장한 우리 어머니시다.

1) 불이 이글이글하게 핀 숯덩이

어머니는 평소에도 늘 포천시 소흘읍 이동교리에 소재한 사찰(천은사)에 가셔서 기도를 올리셨고, 곽법련 주지스님과 어찌 살아야 할는지를 의논하시면서 불공을 드리곤 하셨다.

지금은 아내도 어머니의 불심을 이어받았는지 조상님과 가족을 위하여 온갖 정성을 모아 늘 불공을 드리고 오는 모습을 볼 때마다 감사하며 내 마음이 숙연해진다.

반야심경은 불과 260자 밖에 되지 않는 짧은 경문이지만 대, 소승 경전의 내용을 간결하고도 풍부하게 응축(凝縮)하고 있어서 가끔 쓰고 읽고 하여 어머니 생각을 한다.

지하에서 잠들어 계신 어머니께 신축년(辛丑) 고희(古稀)를 맞이하여 반야심경을 정성스럽게 써서 바쳐 올린다.

어머니께서 나에게 해주셨던 것처럼 나도 나중에 자식, 며느리, 손자에게 돌려주고 싶다. 늘 나에게 변함없이 한없는 사랑을 베풀어 주신 우리 어머님이다.

어머니, 우리 어머니……. 너무 감사합니다. 어머니 훈육 덕분에 제가 바로 설 수 있었어요. 힘들어도 잘 이겨낼 수 있었고요

제가 꼭 어머니께 받은 은혜 많은 사람들에게 베풀고 나누며 살겠습니다. 너무 보고 싶어요.

사촌형님

나는 외아들이라 친형이 없다. 그래서 사촌형과 고종형을 잘 따랐다. 그중에 사촌형님 이야기를 먼저 하련다. 사촌형님 영득(英得)은 나보다 13살 많다. 내가 어렸을 때 사촌형님은 수시로 우리 집에 와서 우리와 가사 일을 보살피고 돌봐주셨다. 혹시 도둑이나 안 들었는지? 동생들이 어디 아픈 데는 없는지 하고 돌봐주신 형님께 이 자리를 빌어 늦게나마 감사드린다.

내가 8살 무렵의 어느 추운 겨울의 일이다. 큰엄마께서 군대에 간 사촌형(兄)의 면회를 간다고 하시기에 나도 따라가겠다고 해서 김화에 있는 백골부대로 면회를 다녀온 기억이 난다.

나는 떡 한 말을 해서 머리에 이고 버스를 타고 가시는 큰엄마를 따라 강원도 김화에 있는 3사단 백골부대 정문에 도착하여 면회를 왔다고 하니까 얼마 있으려니 형님이 멋진 모습으로 부대정문으로 나오셨다. 키가 훤칠하게 커서 그런지 의장대 복장을 하여 늠름하게 보인 형님이 자랑스러웠다.

사촌형은 제대 후에도 우리 집에 자주 오셔서 우리들을 보살피시곤 하셨다. 여름철만 되면 나는 새둥지를 맡거나 물고기를 잡으러 산과 들을 쏘다녔다. 그 때문인지 나는 온몸에 풀독(부스럼)이 자주 올랐다. 피부에 도돌도돌한 반점이 생기고 가려운 병인데 그냥 두면 물집이 생기고 나중에는 곪아 터지기도 한다. 그 풀독을 낫게 하는 최고의 비방이 있다. 이는 냇가에 있는 모래로 문질러 낫게 하는 법이다. 사촌형은 자주 나를 냇가로 데려가 아프다고 엄살떠는 내 다리를 물모래로 박박 문질러 씻겨주시곤 했다. 그러다가 상처가 악화되면 걷지 못하는 나를 당신의 등에 업으셨다. 강철보다 강한 팔로 감싸 업고 1.5km 거리의 산고개와 먼지가 뽀얀 신작로를 터벅터벅 지친 걸음을 내디디며 의원(醫院) 집에 데려가서 치료를 받고 하였는데 정성을 들인 결과로 완치가 되었다. 그 시절에 뿌리의 삶을 사신 가녀린 형님이 지금은 그립다.

매년 음력 7월 보름날은 종중에 금초(벌초)가 있는 날이었다. 형은 금초 때와 구정과 추석 명절에는 가산면에 있는 작은댁을 데리고 갔으며 겨울철에는 땔감을 하러 산에 갈 때도 가끔 같이 가곤 했다. 또한 그 당시에는 도둑예방 차원에서 야밤에 마을 자체에서 순번을 정하여 야경을 돌았다. 야경의 순번이 되어 우리 집을 지날 때면 형님께서는 방망이를 딱딱 두드리면서 "작은어머니 주무세요?"라고 물을 때 내 옆에서 누워계시던 어머니는 "안 잔다"고 하시면서 "밤중에 조심하거라."라고 말하시던 기억이 엊그제 일 같이 생생하다.

형님은 술을 좋아하셨다. 평소에는 말이 없고 과묵한 분이었는데, 술만 취하면 말이 많아지시곤 했다. 힘든 삶을 술에 의지하며 살다가 위장장애를 얻었다. 그래서 소다를 자주 먹다보니 위천공이라는 중병이 발생하여 수술을 하였다. 그런데 형은 수술을 한 후에도 속상하다며 술을 마셨다. '이러면 안 된다.'고 해도 형은 괜찮다며 만류하고 본인 주장대로 하시니까 누가 말릴 수 없는 형편이었다. 술에 장사는 없다더니 이제는 고인이 되었다.

고종형님

고종형님은 나보다 21살이 많은 부모와 같은 존재였다. 일동면 소재의 소야부락에 살았던 고종형님인 심재윤(沈載允)은 어렸을 때 상경하여 자수성가 하시어 경찰공무원으로 입문하셨다.

1970년대 초, 어느 추운 겨울날의 이야기다. 한 번은 당숙(堂叔)께서 치매로 집을 나가셨다. 모두들 찾지 못해 발만 동동 구르고 있을 때 고종형님께서 여기저기 전화로 확인을 하시더니 당숙을 찾아서 모셔온 일이 있다.

그 당시에는 전화 통화를 하고 싶어도 집집마다 전화가 없어 집안의 결혼이나 환갑 등 무슨 일이 있으면 편지로 주고받던 시절이었다. 그런데 고종형님은 자리를 옮길 때마다 직접 손 편지로 써서 "이번에 서울시경 면허계장을 하다가 승진하여 용산경찰서 경무과장으로 전보되었다.", "이번에는 치안본부 교통안전계장으로 이동했다.", "이번에는 충북 영동경찰서장으로 영전되었다.", "이번에는 국과수 서무과장으로 전보되었다"는 등의 편지를 써서 반가운 소식을 알려왔다.

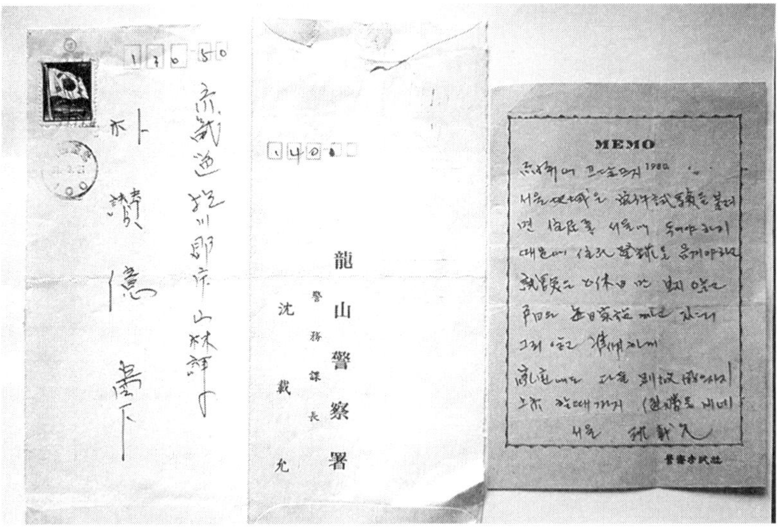

▲ 1981년 3월 21일 고종형님이 나에게 보내주신 편지

나는 보내주신 편지로 소식을 받으면 시간이 날 때 사무실에 들러서 '축하드린다.'며 인사를 드린다. 그럴 때면 고종형님은 줄담배를 피우시면서 별 말씀이 없으셨다. 그리고는 평소에 글솜씨가 뛰어나고 서예를 좋아하셔서 작품이나 하나 가지고 가라고 주셨던 기억이 새롭다.

1980년도 초, 내가 운전면허증 관계로 고종형님한테 문의한 바가 있었는데 답장 편지가 왔다.

"서울에서 면허증을 받으려면 주소를 서울로 이전하여 필기시험을 본 후 운전면허시험을 보아야 한다. 그리고 서울지역은 공휴일만 빼고 평일에는 매일 시험을 치르니까 아무 때나 응시하면 된다."는 내용이었다.

전화로 하시면 되는데 편지로 보내주신 형님이 참으로 자상하게 느껴졌던 순간이다.

형님이 정년퇴임한 후 1994년 무렵, 뇌종양으로 서울송파에 있는 국립경찰병원에 입원을 하였다는 소식이 들렸다. 나는 문병차 아내하고 같이 갔었다. 병원에 도착해보니 형님은 항암치료로 인해 머리가 거의 빠지고 안 보였다. 그 상태에서 이어폰을 끼고 있는 모습을 뵙고 온 것이 생전의 마지막 모습이라 너무 아쉽다. 평소에 즐겼던 담배가 암의 원인인 것 같다. 사촌형님도 고종형님도 안 계신 우리 집안에 내가 어른이 되고 보니 자라나는 동기간들에게 잘 해주어야겠다는 생각이 문득문득 더 든다.

미안한 누나

딸 다섯에 아들 하나로 태어난 나는 가난한 집에 곤궁한 삶을 살았어도 누나들의 정성어린 보살핌 속에서 평온하게 자라났다. 당시 어머니께서는 먹고 살기가 힘들어서 딸들은 모두 초등학교만 마쳐서 시집을 보냈다. 한 식구라도 먹는 식구의 숫자를 줄여보려는 심산이었다. 그래서 어머니는 누나들이 출가할 시기가 되면 집안일을 시키면서 20살 전후에 출가를 시켰던 것 같다.

첫째 누님은 가산면 마산리(말미)로 김종만(金鍾萬) 매형을 맞아 결혼했고, 둘째 누님은 영중면 영송리에 사는 김영환(金永煥) 매형을 신랑으로 맞아 출가하였다. 그리고 셋째 누님은 화현면 지현리(지제)에 사는 이승기(李承基) 매형과 만나 결혼을 하였고, 넷째 누님은 화현면 명덕리(멍더기)에 사는 이정춘(李庭春) 매형을 만나 혼인을 했다. 그리고 내 유일한 동생인 다섯째 누이는 군내면 하성북리(자라울)에 사는 김환배(金煥培)와 혼인하여 잘 살고 있다.

어머니께서 혼수는 넉넉하게 못해주지만 그래도 장롱과 이불

▲ 어머니 회갑연에서 누나와 매부들(1979. 11)

은 해야 한다고 하시면서 해마다 목화를 손수 밭에다 심어 몇 년씩 모으셨다. 누님들의 혼인 때가 되면 몇 년 모은 목화솜을 작은 외삼촌(정수정)이 운영하는 하송우리 솜틀집에 가서 딸들 시집보낼 이불의 솜을 틀어오는 등 혼인 준비에 분주하셨다.

어느 날 잠결에 뒤척이다 보면 희미한 등잔불 아래 어머니는 시집갈 딸의 이불을 만들고 계셨다. 문풍지 틈으로 들어오는 황소바람은 당신 등에 시린 고드름으로 매달렸으련만……. 딸 다섯 시집갈 이불을 모두 만들어서 보냈어야 했는데 둘째 딸 옥자(玉子)에게 이불을 못해줘서 마음에 걸린다는 말씀을 늘 하신다. 그래서 어머니의 소원을 풀어드리기 위하여 아내가 이불 한 채를 둘째 누님께 사다드렸다. 참나무에 기생하여 사는 겨우살이처럼 자식들도 어쩌면 어머니에게 기대어 사는 것이 우리의 자화상이 아닐까.

가난의 굴레를 벗어나지 못하여 누나들은 중학교를 못 보냈는데 하나뿐인 아들 녀석은 중학교 입학시험에 낙방했는데도 딸과 같이 중학교 보내는 것을 포기하지 않으시고 초등학교 6학년을 다시 다니도록 한 후 나를 중학교에 보내셨다. 내가 공부를 안 했는데도 중학교를 간 것이 나는 두고두고 누나들에게 걸리며 미안한 마음이 늘 머릿속에 자리 잡고 있다.

누나와 혼인하여 천생 배필을 맞이한 매형들도 늘 아내를 사랑하고 처가에 대한 정성이 지극하였으며 때로는 장모님의 힘겨운 일을 덜어 드리려는 마음에서 봄에는 쟁기를 지게에다 짊어지고 부림소를 끌고 와서 논갈이를 하고 가을 수확 철에는 가을걷이를 도와주고 추운 겨울철에는 땔 나무를 우마차에 잔뜩 싣고 와서 마당에 부려놓고 간 기억은 지금도 생생하다. 아마도 그 고마움은 평생 잊지 못할 것이다.

그래도 이제는 모두가 자식 잘 낳고 길러서 다복하게 살고 있는 모습을 보니 마음이 뿌듯하다.

한 가지 안타까운 것은 1995년 4월에 가산면에 살고 계시던 큰누님이 친정집에 오셨다. 내가 보니 안색이 좋지 않았고 바짝 마르셨다. "왜 그러냐?"고 물었더니 "위장에 좀 문제가 있다."고 했다. 어머니와 나는 대수롭지 않게 생각을 했다. 큰누님 위장병을 걱정하며 위장병에는 달팽이 껍질을 빻아서 가루를 내어 먹으면 효능이 있다고 하여 나는 개울가에서 달팽이를 잡아서 드린 적이 있다. 그러다 얼마 후 병세가 악화되어 운명했다는 비보(悲報)를 받았다. 76세이신 어머니도 살아계신데 나이 60살인 큰누님이 운명이라니……. 그때 나는 "삶과 죽음이라는 것이 내 뜻대로 되는 것이 아니로구나."라고 생각하고 괴롭지만 받아들여야만 했다.

그때 이 사실을 어머니께 알리면 충격을 받으실 까봐 아내와 함께 누님 장례를 치르고 밤늦게야 귀가를 했다. 그때 어머니는 첫째 누님이 돌아간 것을 어찌 아시고 마루에 걸터앉아 한숨을 푹푹 내쉬시면서 줄 담배만 피우고 계셨다.

어머니는 36살에 아버지를 떠나보내신 후 그 힘들었던 풍파를 이겨 내시려고 온몸의 뼈가 다 으스러지고 76살에 자식을 잃어버린 고통과 아픔을 늘 가슴속에 묻고 살아서 그랬는지 어느 날 치매 증세가 오셨다.

어머니의 치매

어머니는 늘 까맣게 머리를 염색하시고 쪽을 찌신 후 흰 비나[2]를 꽂아 깔끔하고 단정한 모습으로 다니셨다. 그런데 어느 날 갑자기 머리를 손질하려면 손이 마음대로 안돌아간다고 하시면서 짧게 커트를 하기 시작한 이후로 머리는 염색도 하지 않아 백발로 사셨다.

1996년 가을, 평소에 말씀을 잘 하시다가 말씀이 전혀 없으신 걸 보니 치매 증상이 온 것 같았다. 그해 11월쯤 행동하시는 것을 자세히 살펴보니 외부에 나가실 때 긴 노끈을 손목에 돌돌 말아 감으시고 우리 개가 도망갔으니 찾아야 한다며 아무 때나 시간 개념 없이 나가시곤 하셨다. 어떤 경우에는 가족도 모르게 새벽 2,3시에 밖에 나가 집을 찾아오지 못하셔서 누가 연락을 하면 즉시 가서 모시고 오기도 했다.

가끔 옛날 생각을 하시는지 화현에 살고 계시는 셋째 누님네

2) 비녀의 경기 북부 방언

집엘 가신다며 버스를 타시면 그 근방에서 집을 찾지 못하시고 마을 주민의 신고로 화현면사무소에 계시다는 연락을 받고 부랴부랴 찾아가니 화현면사무소의 사무실 소파에 태연히 앉아계셔서 모시고 온 적이 있다.

앞으로 또 나가시면 사고가 발생할 우려가 있어 방문의 도어를 밖에서 잠그는 장치를 하면 괜찮을까 하여 그렇게 했더니 어머니는 창문 너머로 '사람 살려 달라'고 문을 두드리면서 집안이 떠나가게 소리를 지르셨다.

그래서 잠금장치를 원래로 돌려놓으니까 눈바람이 세차게 흩날리는 오동지 섣달에 집을 나가는 사건이 발생하고 말았다. 새벽 2-3시쯤에 방에 계시는지 살피려 했더니 몰래 나가셨던 것이다. 나는 너무 놀라서 부랴부랴 집사람과 함께 도로변이나 가볼만한 곳을 이리저리 찾아봐도 어머니 모습은 보이지 않았다. 나는 "이제는 돌아 가셨구나!"하고 낙담을 하며 집에 오니까 신읍파출소에 어머니가 계시다는 연락이 왔다.

그리고는 파출소 직원들이 순찰차에 어머니를 태우고 와 집에 내려놓고 가신다. 사례도 못하고 죄송스럽고 고마울 뿐이다. 어머니는 아무도 알아보지 못하시고 집에 들어오시면 참 무어라고 말을 해야 될 지 답답하기만 했다.

어머니, 영면에 드시다

어머니는 치매로 인해 자식이나 며느리가 누구인지 깜박깜박 잃어버릴 경우가 종종 있었다. 아내는 늘 근자에서 어머님을 지켜보면서 식사를 챙겨드리는 일에서부터 대소변 받아내는 일을 마다하지 않고 5년 동안이나 정성스럽게 보살펴드렸다. 주변에서는 요양시설에 맡기면 편한데 왜 그리 고생을 하느냐는 사람도 있었지만 마다하지 않고 고통을 참고 이겨낸 아내에게 정말 수고 많이많이 했다는 말을 전한다.

그러다가 기력이 없으셔서 방안에만 누워계신 지가 꽤 되었다. 갑자기 병세가 악화되어 포천외과 임건호 원장님께 전화를 하여 어머니께서 위독하시니 집으로 와달라고 왕진을 요청했다. 임 원장님은 내 전화를 받고 부랴부랴 달려오셨다. 숨이 가쁘신 채로 급히 청진기를 꺼내 어머니께 대보며 어머니의 상태를 보시더니 기력이 너무 없어 생명을 연장하는 것은 불가능하다고 전했다.

어머니께서는 평소 생활하셨던 안방에서 아들 내외가 지켜보는 가운데에 눈을 감았다 떴다 애를 쓰면서도 눈을 감지 못하셨다. 군대에 간 손자가 보고 싶으셨나 보다. 그러다가 군대에서 비보를 듣고 달려온 손자가 집에 도착하자 맏손자의 얼굴을 보시더니 2000년 섣달 스무아흐렛날 82세의 일기로 눈을 감으셨다.

평소에 준비했던 수의를 정성스럽게 입혀드리고 천 년이 지나도 썩지 않는다는 옻나무 관에 입관하였다. 때마침 조문일이 구정과 겹쳐서 힘이 들어도 5일장으로 집에서 장례를 치르기로 하였다.

사뭇 눈보라치는 매운 겨울 날씨였으나 장례기간 내내 조문객들의 발길이 끊이지 않았다. 각종 음식제공을 하느라 동네 주민들이 수고가 많으셨다. 특히 그 당시 열하나 친목회 회장이신 연봉흠 전 교장선생님(작고)을 비롯한 마을주민과 부녀회원들이 조문객들을 정성껏 맞이했다. 또다시 이 자리를 빌어 우리 어머니 장례에 와서 수고해주신 모든 분들께 진심으로 감사의 인사를 올린다.

장례 당일 집에서 고인을 장례차로 가산면 금현리 묘지 입구까지 운구하고, 그곳에서 꽃상여로 모시기로 하였다. 상여로 모시면서 뒤를 따라가는 동안 어머니의 일생을 회상해보았고 나는 가늠할 수 없는 슬픔에 빠졌었다. 아들, 며느리, 딸, 손주 등 모두가 정성을 다 바쳐 6년 전에 이장하였던 금현리 부락 양지 바른 산기슭의 선친 묘소 옆으로 어머니를 모셨다.

46년 만에 아버지와 어머니가 영원한 만남이자 감격적인 해후(邂逅)가 이루어진 것이다. 지금 나는 어머니께서 자식들을 위하여 하늘나라에서 기도하실 거라고 믿는다. 나는 "한 여성으로서 어머니로서 세상사 모든 풍파에 힘든 고통을 이겨내신 자랑스러운 우리 어머니! 이제는 근심 걱정 모두 버리시고 천상으로 자유롭게 가세요."라고 속으로 빌고 또 빌어드렸다. 그동안 자식만을 위하여 희생을 아끼지 않으신 어머니의 그 하해(河海)와 같은 은혜를 내가 죽어 백골이 된들 어찌 갚을 수 있으랴.

36살부터 굳굳하게 6남매를 키워 새로운 둥지를 만들어 주시느라 정말 수고 많이 하셨습니다. 너무너무 사랑합니다. 그립습니다. 어머니…….

그리운 할아버지, 할머니

내가 6살 되던 해에 우리 식구도 홀어머니와 함께 불가피하게 할아버지와 백부모님, 그리고 둘째 고모님이 살고 계신 신북면 만세교리 인근으로 이사를 했다. 가산면의 살던 고향에서 아버지가 살아생전에 장만했던 집과 농토를 처분하고 한일(一)자로 된 초가집을 구입해 이사를 가게 된 것이다. 우리 식구는 소농을 하며 근근이 생계를 유지하면서 살아갈 수 있었다.

근처에 사시는 할아버지 할머니와 백부모님이 자주 우리 집을 살펴주셨기에 아버지가 안 계신 허전함을 조금이나마 메울 수 있었다. 나는 가끔 할아버지 댁을 가곤 했다. 할아버지는 수염을 길게 기르셨다. 할아버지는 내가 가면 "밥 먹었냐?"고 물으면서 안방 아랫목에서 새끼를 꼬시곤 했다. 새끼는 농한기철에 중요한 농사준비 수단이었다. 새끼줄은 초가지붕에 이엉을 덮고 이엉이 날아가지 않도록 묶거나, 나뭇단 묶기 등 다용도로 쓰였다.

할아버지는 추운 겨울철 털모자를 쓰고 지게로 앞산에 가서 땔나무를 해가지고 오셔서 소여물을 끓이셨다. 여물이 끓고 나면 타고난 잉걸불을 무쇠 화로에 담아서 방에다 들여놓으면 오순도순 식구들이 둘러앉아 불을 쬐면서 바깥의 추위를 견디곤 했다.

할아버지는 내가 아홉날 되는 어느 날 기력이 없으신지 "나에게 물 한 모금만 다오."라고 하셨다. 그래서 물을 떠다 드렸더니 할아버지는 물을 마시신 후에 돌아가시고 말았다. 어린 나로서는 매우 큰 충격이 아닐 수 없었다. 지금도 인자하고 자상하신 할아버지가 늘 그립고 생각난다.

할머니는 작은 체구였다. 늘 손수 쪽을 찌신 후 하얀 비녀를 꽂고 가끔 우리 집에 오셨다. 할머니가 우리 집에 오실 때에는 늘 빈손으로 오지 않으셨다. 시멘트 포대종이에 옥수수, 감자, 고구마 등을 싸서 손주 먹으라고 가지고 와 주무시고 가곤 했다. 무엇이라도 하나 더 챙겨 먹이려던 할머니의 정이 새록새록 그리워지는 것은 나도 나이가 든 탓일 게다.

쌍 초상이 나다

깔끔하신 할머니께서 기력을 잃으셨는지 1979년 봄날 92세의 일기로 내가 지켜보는 가운데 큰댁에서 생을 마감하셨다. 안방에서 사촌형님과 같이 칠성판(七星板) 위에 할머니를 정성스럽게 모신 후 수세를 걷었다.

그리고 난후에 큰아버님께서 기거하고 계시던 사랑채에 가보니 큰아버지께서 숨을 쉬지 않으셨다. 같은 시간에 운명하신 것이다. 이름 하여 쌍 초상이 발생한 것이다. “세상에 이런 일도 있을 수 있구나 하고 의아해했지만 운명이란 마음대로 안 된다.”는 것을 깨달을 수 있었다.

그 시기는 논, 밭에 두엄을 내어 쟁기로 땅을 갈아 엎고 씨앗을 뿌린다. 모판에 볍씨를 뿌려 모를 기르고 논에 물을 가두어 써레질하며 모내기하느라 눈코 뜰 새 없이 바쁜 시기에도 마다하지 않고 쌍 초상이 났다며 서로 안타까워하면서 많은 문상객이 모여들었다. 두 대의 상여(喪輿)가 약 2.5Km정도가 되는 장지까지 상주와 함께 지나가는 모습은 그야말로 한 편의 영화보다 값진 장면이었다.

과거에는 매장문화로 많은 인력이 동원되어야만 했다. 땅을 파서 고인을 묻고 여우나 늑대가 팔까봐 회닫이놀음인 달고질을 하는 것까지 노역을 해야 하는 일이 많았다. 그렇지만 당시 사람들은 그런 것을 마다하지 않고 3일 내내 상갓집에서 일어나는 각종 일을 도와주는 등 훈훈한 정이 있어 보기는 좋았으나, 지금은 상갓집에서 직접 초상을 치르는 일은 드물고, 요즘은 매장보다 화장을 더 선호한다. 인간미가 조금 없어지는 것은 서운한 일이겠지만 너무나 일이 많은 노동집약적 장례문화는 바뀌어가고 있어 핵가족 시대에 그나마 다행이란 생각이 든다.

새 보금자리를 마련하다

소년시절과 학창시절에 기거했던 집은 초라한 초가로 한일(一)자 집이다. 나뭇가지로 된 울타리에 한쪽짜리 싸리대문이 고작이다. 겉에서 누가 보더라도 초라할 뿐만 아니라 만약 결혼 상대자가 있다 해도 함께 기거할 집은 아니라고 판단했다.

틈틈이 벌목현장에서 지붕 밑에 올리는 소나무 서까래를 구입해 집 마당에 세워놓고 틈틈이 겉껍질을 벗겨서 말리고 시멘트 블럭은 이웃 지인에게 집을 지을 수량만큼만 찍어달라고 부탁하여 차근차근 새 보금자리를 지을 준비를 해나갔다.

살고 있던 집에 있던 짐을 이웃에 살고 계시는 지인에게 부탁을 하여 옮긴 후 기존 집은 철거하여 두 달 만에 새로운 보금자리로 이사를 했다.

어머니와 다섯 누이들이 지지고 볶으며 자란 집이라 새집으로 이사를 할 때는 기분이 좋긴 했지만 한편으로 손때가 묻었던 집이 부서질 때는 눈물이 핑 돌았다.

평생 배필과의 만남

1975년 산림조합에 근무할 당시에 같은 동네에 살고 계시는 지인께서 "병원에서 간호사로 함께 일했던 참한 아가씨가 있는데 한 번 만나보면 어떻겠느냐?"고 물었다.

색싯감의 고향은 충청도 서천군 한산면이고 관향은 한산이씨(韓山李氏)로 1남4녀 중 막내라 했다. 어머니가 일찍 돌아가셔서 아버지(李仁九)와 형제들로부터 사랑을 독차지하다가 일찌감치 고향을 떠나 포천도립병원에서 간호사로 일을 하고 있다고 한다.

며칠 후에 포천읍내 다방에서 그 아가씨와 첫 만남을 가졌다. 나는 그때까지 여성과의 교제 경험이 전혀 없어 그런 만남의 자리가 매우 어색하였다. 게다가 더벅머리에 얼굴양쪽에 광대뼈가 튀어나와서 까칠한 모습을 보였던 것 같았다.

그 당시에 처음 보고서 결정할 일은 아니고, 호감은 갔지만 겉으로는 내색(內色)하지 않았다. 그 이후에 지금 아내의 둘째 언니 순복(順馥)께서 아이를 업고 내가 일하고 있는 산림조합 사무실로 찾아오셔서 나를 보고 아무 말 없이 가신 기억이 있다.

아마도 오신 이유는 동생의 신랑감이 궁금하기도 하고, 나에게

▲ 서울 남산식물원 앞에서(1975. 10)

빨리 혼인 결정을 내리라는 것 같기도 하였다. 그러나 우선 내가 할 일은 결혼 후 안정된 생활을 영위할 수 있는 직장에 취업하는 것이 우선이었다. 직장을 선택하는 것은 쉬운 일은 아니지만 안정된 직업이 무엇인지 늘 고민하다가 나는 공인의 길을 선택하기로 했다.

그 이후에 포천도립병원에서 근무하고 있는 그 사람을 가끔 가서 보기도 하고, 한 번은 시간을 내어 서울 남산식물원에서 데이트도 했다. 그리고 포천읍내 식당에서 식사를 몇 번 같이 하다 보니까 서로가 호감이 갔다. 그래서 우리 둘은 1978년 3월에 친지, 친구 등이 모인 자리에서 혼인식을 하여 백년가약을 맺었다.

▲ 혼례식장에서(1978. 3)

사랑하는 자식의 탄생

1979년 8월 저녁을 먹고 난 후 만삭의 아내에게 진통이 왔다. 택시를 불러서 정신없이 의정부성모병원에 도착하여 분만실에 가서 초조하게 기다리고 있는데, 아기를 분만했다는 연락이 왔다. 아들이었다. 유리관 속에 있는 아들의 얼굴이 귀엽고 신기하였다. 그 아기가 지금의 사랑스런 아들이다.

아들은 모유를 잘 먹고 무럭무럭 잘 자랐다. 그러던 아이가 두 살이 되던 해 겨울, 갑자기 열이 올라서 며칠 동안 병원에 다녔는데 열이 떨어지지 않아 위험한 처지에 놓이게 되었다. 안되겠다 싶어 의정부성모병원을 내원하여 담당의사에게 "무슨 병이냐?"고 문의했다. 담당의사는 검사를 해보더니 '신우신념'[3]이라 하면서 며칠 간 입원을 하면서 지켜보아야 한다고 하였다.

그래서 입원한 후 빨리 완쾌되기를 빌었더니, 며칠 동안은 약간의 차도가 있을 뿐이었다. 완치되지 않은 상황에서 어느 날 갑자기 아내의 꿈에서 가산면에 모신 아버지 산소가 반이 짝 갈라

---

3) 신우신념 : 신장에 세균이 감염되어 오는 병

지면서 흰 구름과 같이 소복을 하시고 나오셔서 "내가 너의 시아버지인데 아기가 괜찮겠다."고 하시며 사라졌다는 이야기를 들었다. 그 이후로 아이는 완쾌되어 퇴원을 할 수 있었다. 조상님이 돌봐주신 덕분이라 생각하면서 감사드렸다.

아들을 건강하게 자랄 수 있도록 잘 돌봐야 되지만 나는 과잉보호는 자립정신을 오히려 해칠 수 있다고 생각하여 혼자서 헤쳐나갈 수 있도록 기르는 것이 나의 훈육방법이었다.

아이가 5살 되던 해, 집에서 8km되는 포천읍내에 진군유아원를 다니게 되었는데, 나는 아이 혼자서 버스를 타고 다니도록 했다. 처음에는 걱정이 되어 아내가 아들을 버스에 혼자 태워 보냈으니 유아원에 도착했는지 확인하여 달라는 전화가 왔다. 전화를 받은 나는 진군유아원으로 달려가 유아원 원내를 살펴보니 아이

▲ 어머니의 회갑연에서 아내와 아들과 함께(1979. 11)

들 하고 잘 놀고 있었다. 그때 나는 '어린이도 하면 된다.'라는 교훈을 얻었다.

1982년 2월에는 의정부성모병원에서 너무나 예쁜 딸이 태어났다. 귀엽고 예쁜 딸이라서 애지중지 기르며 온정을 쏟았는데 어느 날 목욕을 씻기다가 울고불고하며 안 씻겠다고 몸부림치는 바람에 뜨거운 물에 데게 되었다. 화상으로 인하여 어린 아기가 아파서 힘들었던 생각을 하면 지금도 가슴이 찢어진다. 그때 잘 치료가 되어 지금은 상처가 보이지 않으니 그야말로 천만다행이다.

아들의 행정고등고시 입문

아들은 2004년 3월에 K대학 복학 후 졸업할 무렵, 행정고시 공부를 하겠다고 했다. 나는 마음속으로 전공과목도 아닌데 하고 걱정하였는데 그동안 혼자 외지에서 고등교육을 받은 바 있어, 본인 스스로 하고 싶은 일을 하겠다고 하니 "최선을 다하기를 바란다."라고만 할 뿐, 공부하는 것을 도와줄 수도 없는 입장으로 그만두라고 만류할 수도 없는 일이었다.

내가 알고 있는 고시란 과거에는 책과 먹을 것을 보따리에 싸 가지고 산속에 들어가 열심히 하면 합격되는 줄 알았는데 현재는 아닌 것 같다. 재정적인 뒷바라지, 자신의 노력, 그리고 관운 3박자가 맞아야 된다고 한다. 내가 할 수 있는 것은 뒷바라지로, 한계가 있었다.

얼마 후 아들은 시험을 보았다고 했다. 우리 부부는 궁금해 2005년 5월 네이버 사이트에 행정고시 합격자 명단을 검색하여 보니 제49회 행정고등고시 1차 합격자(1.839명) 명단에 아들 이름이 올려져 있었다.

경기신문

포천에 父子 사무관 탄생… '가문의 영광'

시의회 박찬억씨 아들 박경훈씨 행정고시 합격

포천시의회에 근무하는 박찬억 사무관(53·산업도시전문위원)의 외아들인 박경훈(26·사진)씨가 제49회 행정고등고시에 합격한 사실이 뒤늦게 알려져 화제가 되고 있다.

포천시 신북면이 고향인 박씨는 포천중학교와 의정부고등학교, 고려대 응용생명 환경화학과를 졸업하고 지난 6월 행정고등고시 재경직렬에 응시해 합격의 영광을 안았다.

아버지 박찬억씨는 지난 1999년 사무관으로 승진한 이래 8년만에 아들도 사무관으로 임용되게 되자 가문의 영광이라며 기뻐했다.

포천/안재권기자 ajk@kgnews.co.kr

▲ 경기신문에 난 아들의 행정고시 합격 기사, 포천에 부자사무관이 탄생했다고 보도하고 있다.

나는 1차 시험에 합격한 아들에게 축하전화를 하고 2차 시험에도 최선을 다하라고 하였다. 2차 시험 역시 궁금하였는데, 2005년 11월 2차 합격자(재경직 77명) 명단에 아들의 이름이 있었다.

나는 "2차 시험 합격을 축하한다. 그동안 수고했다."라고 말하니까 아들은 "아니에요. 아버지, 3차 관문을 통과해야 돼요"라고 하기에 "3차는 또 뭐냐?"고 물었더니 아들의 말, "구술(면접)이고 2차 합격자 중 20% 정도 떨어진다."는 것이다.

3차 합격자 발표는 2005년 12월 22일에 있었다. 아들의 이름은 최종합격자 총 216명(재경직 65명)에 들어 있었다. 밀양박씨 종중회에서는 아들이 합격하여 가문을 빛냈다며 2006년 1월에

▲ 아들의 행정고시 합격 축하연(2006. 1)

축하연을 베풀어주었다. 감격스러운 날이었다. 그동안 고시 합격까지 노력 한 것에 대해서는 늘 마음속으로 새기고 있으며 고시원에 있는 동안 찾아가서 위로와 격려를 못한 것이 아쉬웠다.

딸의 편지

사춘기인 딸이 중학교 다닐 때 아들은 의정부에서 고등학교를 다녔다. 조그마한 자취방을 얻어놓고 혼자 숙식을 하며 공부를 하기에는 여건이 녹록치 않아 어머니께서 손수 밥을 해주신다고 하시면서 아들과 같이 있었다.

그러나 며칠 후 아들이 할머니는 정신이 없으시니까 가스불도 위험하다고 하길래 평일에는 집사람이 아들을 돌보고 주말이면 집에 와서 딸을 돌보는 것으로 했다.

그러나 딸은 불평불만이 많았다. 사춘기라서 그런지 엄마, 할머니에게 막말을 하는 등 반항심이 많았다. 어처구니가 없었지만 그래도 아들 공부는 해야 할 입장이라 아무 말 없이 몇 년을 지냈다.

어린이날 즈음하여 딸의 편지를 보았으나 그 당시에는 대수롭지 않게 생각을 했는데 지금 와서 편지 내용을 읽고 또 읽고 하니 딸의 마음을 이해했다.

나 역시 직장에서 바쁘다는 핑계로 딸에게 소홀한 것이 지금

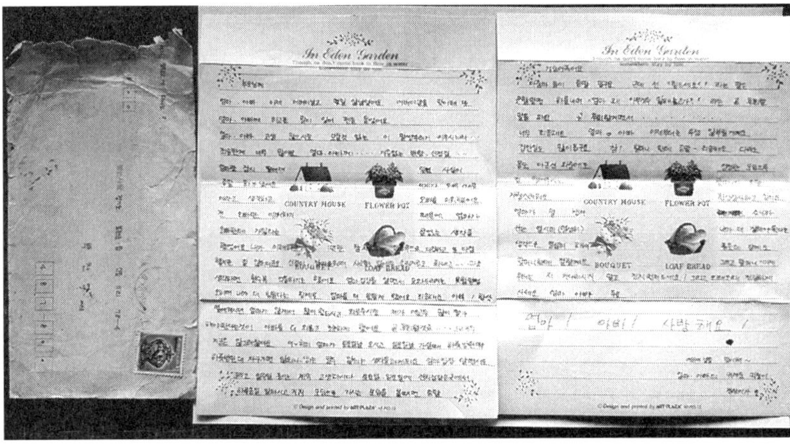

▲ 딸의 편지(199. 5)

생각해도 미안하다. 이제 와서 후회한들 무슨 소용이 있겠냐마는 문득, 한창 예민한 시기에 귀한 딸래미에게 좀 더 따뜻하게 대해 주었더라면 얼마나 좋았을까 하는 생각이 든다.

아들의 혼인

2006년 7월경 아들은 중앙공무원에서 수습사무관으로 연수를 했다. 그 시절에 아들이 결혼을 하기 전에 양가 부모님을 모시고 상견례를 하겠다는 연락이 왔다. 그래서 나는 "신붓감이 누구냐?"고 물었다. 그랬더니 아들은 "아버지가 알고 계신 여자 친구

▲ 아들 혼례식 (2007, 1)

예요."라고 하였다.

대학동창이라며 몇 번 집에 데리고 왔던 기억이 난다. 아들이 넋두리겸 하는 말로는 여자 친구의 대학 졸업식에 축하 차 가서 행시 합격한 친구 부모님을 뵙고 인사를 드렸더니 "고시 합격된 후에 만나세."라고 했던 일이 있었다는데, 아무튼 그러한 충격으로 고시공부를 하게 된 동기가 되지 않았나 하고 생각한다.

안타까운 것은 그동안 공부하느라 몸이 많이 쇠했고 연수기간이 끝나기도 전에 결혼이란 무거운 짐을 짊어지는 것 같아 안쓰럽다. 그렇지만 '젊은 혈기에 무슨 일은 못하랴?'라며 나는 아들이 행복하게만 잘 살기만 바라는 마음이었다.

손자 손녀의 탄생

1. 손자의 탄생

2008년 6월에 손자 토담(태명)이가 태어났다.

허진호 역술원 원장인 허범행 선생께서 작명(作名)을 지어서 현재 사용하고 있다.

후박나무(朴, 6획), 재상 재(宰, 10획), 어질 현(賢, 15획), 박재현!

난관을 개척하여 부귀를 향유하게 되고 마침내 명성과 재물을 풍부하게 갖추게 된다. 집안이 번성하고 몸이 편안하며 권위를 누리게 되는 격이다.

開拓受福運 陰谷回光之格 終見瑩之運

개탁수복운 음곡회광지격 종견영지운

花開春堂 隆昌壽福 得財執權 家繁身安

화개춘당 융창수복 득재집권 가번신안

2. 손녀의 탄생

2012년 1월에는 손녀 토실(태명)이가 태어났다

곤(坤) 신묘(辛卯)년, 경자(庚子)월, 신유(辛酉)일, 병신(丙申)시에 출생하였다.

사주가 반짝반짝 빛나고 단단한 보석으로 흙속에 묻혀있지 않고 누구나 볼 수 있도록 겉에 있다는 뜻이란다.

후박나무박(朴, 6획), 재상재(宰, 10획), 바랄 희(希, 7획)

"아침에 해가 떠오르는 기상이 있어 권위와 위세가 높고 이름을 떨치게 된다. 이지(理智)가 발달하고 감정도 풍부하여 어질고 너그러운 데다가 용기와 적극적인 신념까지 고루 갖추어져 있으므로 주위 사람으로 부터 신뢰와 존경을 한 몸에 받게 되며 주도면밀한 두뇌로 큰 뜻을 품고 마침내 대업(大業)을 성취한다."는 사주라고 하니 큰 인물이 될 것 같다.

▲ 손자. 손녀(2014. 6)

며느리의 승진

2015년 10월 말에 아들한테 전화가 왔다. "아버지 현이(큰손자)엄마가 이번에 서기관으로 승진했어요."라는 전화였다. 나는 전화를 받고 "그래 잘 되었구나!"라고 짧게 말하였지만, 속으로는 아이들 기르랴 직장 생활하랴 수고한 며느리가 대견하고 고마웠다. 박씨 집안에 시집와 직장생활해가면서 아이 둘을 낳아 잘 길러준 며느리를 늘 고맙게 생각한다.

나는 2015년 10월 며느리 승진에 축하 난과 축전을 며느리가 근무하는 사무실로 보냈다. 그 문구 내용은 "서기관(書記官) 승진을 축하한다. 그동안 힘들고 어려웠던 일 슬기롭게 이겨낸 우리 며느리 장하다. 앞으로 함께 일하는 직원들과 가족이 화합하여 삶의 꽃을 피우기 바란다."라고.

그동안의 국가의 중추적인 사업인 한미 FTA 계약체결 등으로 해외출장이 빈번한데도 아무런 내색 없이 고초(苦楚)를 이겨 낸 며늘아이가 자랑스럽고 고맙다. 2016년도에 해외연수 기회가 있어 KDI(한국개발연구원)에서 1년간 연수를 하고, 2017년도에는

임명장

기획재정부 대외경제국 국제경제과

행정사무관 이혜림

서기관에 임함

2015년 10월 27일

대통령 박 근 혜

▲ 며느리의 서기관 임명장(2015. 10)

아이 둘을 혼자서 데리고 미국으로 건너가 미시건주에 있는 주립대학원에서 연수과정을 수료하였다. 그리고 미국에서 돌아오자마자 2018년 6월에 영국 버밍엄대학으로 연수차 떠난 아들에게로 손주 둘을 데리고 가서 내조와 응원을 아끼지 않은 며늘아이가 정말 대단하다는 생각이 든다. 익숙지 못한 이국땅에서 힘들고 어려운 생활을 마치고 본국으로 돌아온 며늘아이에게 격려의 박수를 보낸다.

손주가 귀엽고 사랑스럽지만 그보다 더 귀한 것은 며느리다. 며느리가 늘 근심 걱정 없이 편할 수 있도록 해주면 모든 식구들이 정서적으로 안정되어 행복해질 수 있으니까.

손자와 손녀가 어릴 적 돌봐주었던 시기에 엄마가 보고 싶어 밤마다 소리 내어 서글프게 우는 소리를 들을 때마다 나도 모르게 줄줄 흘러내리는 눈물을 훔쳤던 시절이 엊그제 같은데 이제는 중학생, 초등학생이 되어 의젓해 보여 대견스럽다.

아들의 승진

2021년 3월 말에 아들한테 문자가 왔다. “아버지 오늘 날짜로 서기관(書記官) 승진했어요.”라는 문자다. “그래 축하한다. 아버지가 늘 바랬던 것인데 아무튼 다시 축하한다. 건강 잘 챙기면서 사심 없이 최선을 다해라.” 나는 아들에게 답장 문자를 보내면서 모든 것이 순리대로 되어가고 있으니 흐뭇했다.

임명장

기획재정부 기획조정실 혁신정책담당관실

행정사무관 박경훈

서기관에 임함

2021년 3월 31일

대통령 문 재

▲ 아들의 서기관 임명장(2021. 3)

아들은 공무원에 입문하여 보건복지부로 첫 발령을 받고 근무하다 재경직이라 기재부로 부처를 옮긴 후 2017년도에 며느리가 아이 둘을 혼자서 데리고 미국으로 건너가 미시건주에 있는 주립대학원에서 연수를 받을 시에 불가피하게 휴직을 내고 미국으로 가서 아이들을 1년간 보살펴야 했다.

며느리가 본국으로 돌아오자마자 아들은 2018년 6월에 영국 버밍엄대학에서 2년간 연수계획이 있어 며느리도 불가피하게 휴직을 내어 영국으로 가서 아이를 돌보았다. 연수를 마치고 돌아온 내외는 근무했던 부처로 복귀발령을 받아 그동안 바쁜 일정을 보냈다. 승진 전에 부처 이동, 휴직과 연수라는 갭(gap)이 있어 늘 걱정되었다. 아무리 단단한 흙 조각도 환경이 바뀌어 물속으로 들어가면 허물어지는데 힘든 시간 잘 이겨낸 아들이 대견스럽다. 무슨 일이든 사심 없이 최선을 다하고 국가 또는 어느 누구로부터 받은 은혜를 많은 사람들에게 꼭 베풀고 사랑하고 나누며 살기를 바라는 마음이다.

아버지 묘를 이장하다

3세살 때 돌아가신 아버지의 모습은 기억이 나지 않는다. 중학교 시절에 어머니가 소중하게 보관하신 조그마한 둥그런 통속에 증명사진이 한 장 있어 그때 모습을 어렴풋이 보았는데 분실된 이후로 아무런 기억이 없다. 불혹의 나이에 돌아가신 아버지 묘소는 부친께서 살았던 집 주변에 안치되어 매년 금초를 하고 구정과 추석 명절에 성묘를 한다. 그러나 묘소 주변이 참나무 숲으로 우거져 음지이고 공장 진입로 인접이라 지역여건 상 이장(移葬)이 불가피하였다.

이에 사설(개인)묘지 설치 허가를 득한 후 나무를 베고 포클레인으로 묘 조성작업을 하여 이장 준비를 마쳤다. 1996년 4월에 42년 동안 음지에서 쓸쓸하게 계신 아버지 무덤을 포클레인으로 파기 시작했다. 얼마 간 산소를 파내려가자 아버지의 유골이 나왔다. 나는 유골을 칠성판에 정성스럽게 배열하고 흰색 광목(廣木)으로 감아서 나의 승용차로 새로이 조성된 묘지까지 모신 후 양지바른 곳에 안치하였다.

그동안 아버지 얼굴도 모르고 사진 한 장도 없어 암울했지만 그래도 유골이라도 내 손으로 광중(壙中)을 헤쳐가면서 만져보았으니 내 생전에는 여한은 없다. 몇 년 후에 어머니도 아버지가 이장된 옆으로 안장하여 두 내외가 46년 만에 지하에서 만나실 수 있게 해드렸다. 아버지가 오랜만에 어머니를 만나 외로움을 달래고 계실 것을 생각하면 마음이 편하다.

종중묘원의 집단화

매년 음력 7월 보름이면 가산면에 선대묘소로 금초를 하러간다. 당시에는 종중인들이 모여서 금초를 하는 기간은 2일이 소요되었다.

1970년도 초에 가산면 방축리와 마산리(후평동)에 있는 선대조 묘는 농공단지를 조성한다고 하여 가산면 금현리 소재한 종중산으로 이장을 하였다.

이장한 후 종중인들이 매장할 때 묫자리가 좋으면 누구나 안치되어 무분별할 뿐 아니라, 향후에는 묘지로 인하여 종중 임야가 침식될 우려가 농후했다.

이런 문제점을 해소하기 위해서는 묘지를 한군데로 모으는 것이 최선의 방법이라고 판단하여 산재(散在)되어 있는 묘지를 집단으로 조성코자 2000년 10월에 군으로부터 사설종중묘지 설치허가를 받아 묘지조성 작업을 실시했다.

산재되어 있는 7대조 이하 묘지를 포클레인으로 파헤쳐 유골을 컨테이너 박스에 당숙(泰鳳, 慶薰), 6촌(贊成)등과 함께 임시

▲ 종중 묘원

안치 후 한 분도 빠짐없이 이장하였다.

조성 시에는 학렬 별로 안치하여 순번을 정한 후 향후에 사망할 시에도 그 자리(번호)에다 안치될 수 있도록 공간을 확보해두었다.

국토의 효율적인 측면에서 묘지를 집단화하고 관리하는데 좋은 방안이라 하여 매장으로 추진했지만 요즘은 장사문화의 패러다임이 변하고 있다.

매장보다는 화장을 원하고 유골 처리방법 으로는 자연장[4] 선호도가 늘고 있다.

허나 그 당시에는 소수가 화장하자는 의견도 있었지만 일부 종원(宗員)들은 죽어서 두 번 죽지는 않는다는 고정 관념에 무게

4) 자연장: 유골을 나무나 화초 주변 등에 뿌리는 장례방식

를 두고 매장으로 조성하였는데 많은 묘원을 후손들은 어떻게 관리할 것인지 대책이 필요하다.

아쉬운 점은 황해도 평산군(平山郡)에서 잠들어계신 8대조 제덕(齊德) 통정대부를 지내신 할아버지, 9대조 화동(和東) 오위도총부 도총관을 지내셨던 할아버지 내외분을 포천에 있는 중종묘원로 모셔왔으면 하는 바람인데 통일이 언제나 될지 의문이다.

조상님의 숭배(崇拜)

어린 시절에는 조상의 기일이 많았다. 백부님께서 종중 종손이라 고조부, 증조부, 조부 제사(祭祀)를 큰댁에서 주관하셨다.

기일이 되면 8촌 이하 친지들이 큰댁으로 모두 모인다. 제사에는 당숙(堂叔)과 8촌 형님이 번갈아가면서 축문을 낭독하다가 내가 중학생이 되던 해부터는 축문을 쓰고 낭독하는 것은 나에게

▲ 종중 시제 차례

돌아왔다. 처음에는 두렵고 서툴러서 애를 먹었는데 몇 번하고 나니 익숙해졌다.

그 이후부터 지금까지 기일이나 시제 일에 지방을 쓰고 축문을 낭독하는 것은 당연히 내 몫이라고 생각을 하는지 모두다 손을 놓고 있다. 이제 축문을 쓰고 낭독하는 제사문화가 언제까지 갈 것인지 그 끝이 보인다. 아마도 후대에서는 사라져갈 것이라고 혼자 생각해본다.

2부

배움이라는 지혜의 술

나의 소년시절

▲ 소년시절 (1959. 2)

1950년대는 6.25동란을 겪어 누구나 어렵고 힘들었던 시기였다. 그때 태어난 사람들은 배고픈 생활의 연속이었다. 시골의 농부는 몇 평 되지 않는 조그마한 논밭에다 농작물을 심어 가을에 수확하는 것만으로 겨우 입에 풀칠하는 정도가 생산의 전부였다. 지금처럼 알바를 할 수도 없고, 또 다른 직장을 얻는다는 것은 생각조차 할 수 없는 시기였다.

그때 사람들은 애 어른 할 것 없이 모두 어떻게 하면 입에 풀칠을 하며 끼니거리를 때울까

하는 것에만 온 정신이 팔려 있었다. 친구들과 같이 봄이 되면 배고픔을 달래려고 산에 올라가 소나무 가지를 꺾어 껍질을 벗겨서 씹으면, 그 맛이 달콤하여 아이스케이크 이상이다. 진달래꽃을 따먹고 들판에 나오는 삘기를 뽑아서 입에 넣어서 껌이라고 질겅질겅 씹으며 달달한 즙을 내어 먹기도 했다. 아녀자들은 봄이면 산나물을 뜯으러 다니는 것이 큰 일과였다. 산에 나는 여린 순이면 거의 모든 순이 나물로 통했다. 다래순, 꿩의다리, 명아주, 망초대, 잔대싹, 고비, 고사리 등, 산에 나는 모든 순들은 우리의 배고픔을 채워주는 구황작물로 이용했다.

신북초등학교에서 점심때가 되면 큰 가마솥에 옥수수로 죽을 끓여서 학생들에게 먹였다. 그걸 빨리 먹으려고 우리는 길게 줄을 서 가지고 간 빈 도시락에 차례대로 배급을 받아 끼니를 해결해야 했다.

학교에서는 어린 학생들에게 구충제를 먹였다. 난생 처음으로 학교에서 주었던 작은 원형으로 된 백색 회충약을 학생들은 복용해야 했다. 그런 학생들은 자신도 모르게 항문에서 슬금슬금 기어 나와서 교실바닥에는 길고 작다란 회충들이 여기저기 돌아다니던 기억은 지금 생각해도 너무나 징그러웠다. 그렇지만 그 회충약은 어린이들의 건강의 찾아주는 활력소가 되었다.

당시는 사람들의 뱃속에는 누구나 회충이 많았다. 그 이유가 땅에 주는 거름이라야 고작 인분과 가축분뇨뿐이므로 그곳에서 생산된 채소류 등을 섭취한 것이 회충을 기르는 역효과가 나지 않았나 생각된다.

그러나 요즘은 뱃속에 있는 회충, 요충, 십이지장충 쯤이야 구충제 한 알만 복용하면 충(蟲)들이 몸속에서 스스로 녹아 우리 몸에 필요한 단백질로 변하여 보충된다고 하니 얼마나 좋은 세상인가.

학교에서는 그렇게 옥수수죽으로 끼니를 때웠지만 마을에서도 끼니를 때우는 방법이 있었다. 훈련 나온 미군이 먹고 남긴 짬밥, 일명 꿀꿀이죽을 수집하는 사람이 드럼통에 싣고 와서 마을회관에 가져다 놓았다. 그 꿀꿀이죽을 너나 할 것 없이 퍼다 먹었고, 그 속에 있는 귤, 햄, 소시지 등을 물에 씻어 먹던 일이 엊그제 같다. 아프리카 어린이들이 불쌍하고 북한의 꽃제비들이 불쌍하다고 하지만 우리나라도 그들과 조금도 다를 바 없는 최빈국이었던 시절이 있었다.

동네에 산이란 산은 모두 민둥산이었다. 일제강점기에 일본 사람들이 목재로 이용할 수 있는 나무는 모두 수탈해갔고, 6.25전쟁으로 황폐화된 데다가 주민들이 난방용 땔감으로 나무를 해갔기 때문에 산이란 산은 거의 벌거숭이 산이라 해도 과언이 아니었다. 하물며 갈퀴나무라 하여 솔잎이나 나뭇잎마저 박박 긁어다 때는 실정이었으니 산이 얼마나 황폐화되었는지 짐작하고도 남음이 있으리라. 모래로 형성된 벌거숭이산에 겨우 남아있는 앙상한 소나무에는 송충이가 많았다. 학교에서는 송충이를 잡아야 한다며 집게와 봉지를 만들어오라고 했다. 그때만 해도 비닐봉지는 생각조차 할 수 없는 시절이었고, 신문지나 공책장을 찢어 밥풀로 봉지를 만들어가지고 가는 게 고작이었다. 담임 선생님의 지시로 솔잎을 먹으려고 나뭇가지에 슬금슬금 기어 다니는 송충이를 나무집게로 잡아서 깡통에 집어놓고 한군데 모아서 소각하면 송충이 타는 냄새가 진동했다. 여학생들은 송충이가 무서워서 울며 잡던 아이도 있었다.

겨울철이면 학교의 교실에서는 나무난로를 때서 난방을 했다. 그때 처음 장작을 피우려면 난로 솔방울을 사용해 불을 붙이면 장작에 쉽게 불이 붙었다. 그래서 선생님이 솔방울을 가져오라고 하는 것이 우리들의 공공연한 숙제이기도 했다. 조금 세월이 지난 후에는 조개탄을 사용하기도 했다. 얼마나 힘들었던 시기였는지 상상이 간다. 아마도 그때 송충이를 잡은 덕분에 지금의 소나무가 무럭무럭 자라서 웅장한 모습으로 자리매김하고 있는 것 같다.

우리 동네 근처의 개울가에는 함바위라는 바위가 있었다. 그 함바위 앞에는 이늠바위와 자라바위가 있었는데 우리는 여름철만 되면 그 하천에서 물장구치며 더위를 식히곤 했다.

한 번은 같은 동네의 친구, 형, 동생뻘 되는 사람들과 하천에서 물장구치며 재미있게 놀고 있었다. 그 하천에는 평시에도 많은 물이 흐르고 있었는데, 갑자기 이인철이라는 아이가 함께 놀다가 아래쪽으로 떠내려가면서 허우적거리고 있었다. 그것을 목격한 배영원이라는 형이 냅다 뛰어들어 수영으로 다가간 끝에 끌어내어 한숨을 돌린 적이 있다. 우리는 감히 그 아이를 구해줄 엄두도 못 냈는데, 그때 그 형이 함께 물놀이를 하지 않았다면 어떻게 되었을까? 지금도 만나서 그 당시 있었던 이야기를 하면 우리는 '천만다행'이라며 이구동성으로 말하곤 한다.

우리는 학교에서 돌아오자마자 책보를 툇마루에 집어던지고 하천변으로 가서 개구리를 잡는 것이 일과였다. 나무를 깎아 작살을 만들고 철사로 화살을 만들어 노란 아기고무줄로 당기면 작살은 정확히 개구리의 등에 꽂혔다. 그러면 우리는 잡은 개구리를 버드나무가지에 꿰어 의기양양하게 집으로 가져왔고, 가지고 온 개구리는 깡통에 놓고 푹 삶아 뒷다리는 보양식으로 먹고, 나머지는 집에서 기르는 닭에게 주면 통통하고 무럭무럭 자라는 모습이 눈에 보였다.

특히 여름 방학에는 외양간에 매어놓은 황소를 하천변으로 끌고 나가 풀을 뜯기다가 저물녘이 되면 소먹이 꼴을 한 짐 해지고 집에 돌아오면 옥수수, 감자 삶는 냄새가 허기진 배를 더욱 졸아 붙게 했다.

마당에 멍석을 펴고 대나무 소반 위에 야채, 된장 이것저것 곁들여 올려놓고 온 식구들이 둘러앉아 밥을 먹었다. 모기약이 귀하던 시절이라 모기가 얼마나 많은지, 어른들은 모깃불을 놓는다며 쑥을 베어다 불 위에 얹어놓으면 쑥 타는 매캐한 연기가 사방으로 퍼져나가 모기가 덤비지 않았다. 그렇게 쑥 타는 연기를 쏘이며 온 식구가 저녁밥을 먹고 나면 어른들은 방으로 들어가시고, 멍석을 차지한 아이들은 수건돌리기 게임을 했다. 그렇게 수건돌리기게임을 하면서 수건이 등 아래 바닥에 있는 것을 몰라 술래가 되면 연주 없이 생음악으로 노래를 부르며 밤이 새는 줄 몰랐다.

캄캄한 밤하늘에 별이 돋고 개울가 풀숲에는 반딧불이 꿈속처럼 날아다니는 모습을 보다가 멍석에 누워 그대로 잠이 들면 꿈속에서도 반딧불이 날아다녀 한여름 밤이 짧기만 하였다. 이렇게 친환경적으로 살았던 시절이 돌아올 수 있을까?

금주초등학교로 전학가다

4학년 1학기까지 신북초등학교를 다녔는데, 2학기 때부터는 불가피하게 학교가 변경되었다. 우리 동네(샛터)에서 함께 다녔던 친구인 김정택(金貞澤), 김갑희(金甲喜), 배득수(裵得洙), 배민수(裵民洙), 조혜숙(趙惠淑), 조병성(趙炳星)과 그 시기에 청성초등학교에 다니다가 우리 동네로 이사 온 양홍준(梁洪俊) 친구도 영중면에 있는 금주초등학교를 다니게 되었다. 여름 장마철 비가 많이 오는 시기에는 하천에 소나무 원목과 가지 등으로 축조된 다리가 유실되면 가채리 방면으로 국도를 걸어서 다니기가 불편했는데 전학한 이후로는 아무리 많은 비가 와도 학교 다니기에는 큰 걱정은 없게 되었다.

그동안 같은 학급에서 4년 동안 함께 공부하고 놀았던 서원말의 강명배, 이복한, 조진행, 가채리에 함희진, 윤천수, 조건원, 조성호, 조성하, 공섬에 김영무, 권덕원, 이헌의, 독곡에 김진식, 정한규, 진해용, 돌모루에 권기천, 양호종, 바디울에 정재영, 정주영, 틀무시에 양영일, 양영석, 양영숙, 양영후, 양진종, 이희수,

▲ 금주초등학교 동창 모임(2019. 6)

유재무, 정광연, 맺돌안의 유병직 등의 친구와 부득이 하게 이별하게 되었다.

전학을 하자마자 나는 새로운 친구들과 사귀는 데는 시간이 걸렸다. 유독 같은 반의 김 아무개는 보통 키에 날씬한 체구임에도 장난기가 심해서 괴로울 때가 있었다. 처음에는 아무 말 없이 조용히 넘어가려고 했는데 같은 행동을 자주하는 바람에 정신적으로 스트레스를 받았으나 친구이니까 너그럽게 받아들여져 후에는 친해졌다.

원종경(元鍾京)이란 친구는 키가 조그마하고 작았지만, 두려움이 없는 야무진 친구였다. 한 번은 학교부근 야산의 바위틈에서 시뻘건 어미구렁이가 새끼구렁이를 데리고 가고 있었다. 그런데 종경이가 어느새 어미 구렁이의 꼬리를 잡고서 빙글빙글 돌리고 있었다. 나는 그런 모습을 처음 보았는데 징그럽기도 하고 소름이 끼쳐 팔뚝에 소름이 돋으며 무서웠던 기억이 난다.

금주초등학교 인근에는 조그마한 연못이 하나 있었다. 겨울철 그곳에서는 많은 학생들이 썰매타기, 팽이치기를 하며 놀았다. 나도 그것을 구경하려고 들어가다가 그만 얼음판에서 뒤로 자빠지는 바람에 뒷머리의 충격으로 심한 구토를 하였다. 그러나 머리를 다치면 뇌진탕이라고 하는데 아닌 것이 천만다행이었다.

우리 반 담임은 양한종(楊漢鍾) 선생님으로 호랑이 선생님으로 소문이 나있었다. 우리들 잘 되라고 엄하셨던 선생님께서 세월이 흘러 집에서 병석에 누워 계시다는 소식을 듣고 동창들이 병문안을 가서 선생님을 뵙고 온 적이 있었는데 며칠 후에 운명하셨다니 선생님의 생전의 모습이 생생하다.

졸업 후 55년 만에 만난 친구들의 어릴 적 모습과 현재의 모습을 보노라니 정말로 무정한 것이 세월이라는 말에 실감이 갔다. 가는 세월 못 잡고 오는 백발 못 막는 다는데 앞으로 우리는 얼마나 만날 수 있을지 상상해본다.

재수생으로 중학교에 가다

금주초등학교 졸업학년에 포천중학교에 입학시험을 보았으나 낙방하였다. 어머니께서는 내가 중학교 입학시험에 떨어졌는데도 아무런 나무람이 없으셨다. 대신 집에서 놀지 말고 초등학교 6학년을 다시 다닌 후 내년도에 중학교 들어가는 시험을 보라고 하셨다. 나는 며칠 동안 고민하다가 어머니 말씀대로 따르기로 결정했다. 보통사람 같으면 "이놈아, 남들 다 들어가는 중학교도 못 들어간단 말이냐?"라고 야단을 치면서 지게를 만들어 메어주며 나무나 하고 농사나 지으라고 했을 텐데, 나를 초등학교 6학년에 다시 보내 중학교 시험을 볼 수 있게 해주신 어머니의 지극하신 아들 사랑에 지금도 감동을 한다.

어머니께서는 학교 문턱에도 가보지 못해 배운 것은 없으셨지만 삶의 철학은 누구보다도 확고하셨다. 나는 그렇게 해서 초등학교 6학년을 한 번 더 다닌 후 중학교 입학시험에 합격하였다. 어머니께서는 내심 기쁘셨는지 한걸음에 포천시장에 가셔서 내 교복과 운동화, 그리고 모자를 사가지고 오셨다. 나는 어머니가

▲ 중학생 시절(1967. 5) 우측 본인

사 오신 중학생 교복이 너무나 입고 싶어서 몰래 안방에 들어가 반닫이[5] 안에 있는 교복과 모자를 입어보며 행복한 모습으로 다시 그 속에 넣어두곤 했다.

기쁨도 한순간이라 어머니께서는 중학교 입학금 마련을 하려면 빚을 내거나 쌀을 팔아야 했다. 그때 쌀 농사라야 논 서너 마지기에서 수확한 쌀이 양석 즉, 1마지기당 쌀 2가마니로 치면 열네 가마니 정도의 수확량인데, 그것은 장리쌀[6]을 갚고 나면 우리 식구 양식으로도 턱없이 부족했다. 그래도 어머니께서는 하나뿐인 아들을 가르쳐야 한다는 일념으로 돈을 마련하여 입학금을 내셨던 것이다.

또한 초등학교는 걸어서 다녔지만 중학교는 통학거리가 약 8km로 버스로 통학을 해야 하는데, 버스 차비가 없을 때는 엄마는 집에서 기르는 닭장에서 알을 꺼내어 나보다 먼저 바삐 버스

---

5) 책, 두루마리, 의복, 옷감 등을 넣어 두는 궤(櫃)

6) 춘궁기에 곡식을 빌려주고, 빌려준 곡식의 절반 이상을 한해 이자로 받는 것

정류장 옆 구멍가게로 달려가서 돈으로 바꾼 후 차비를 내손에 쥐어 주시곤 하셨다. 그래서 나도 밤에는 버스 통학비와 학용품에 보태려고 초등학생의 과외를 하였다. 나에게 과외를 받는 학생의 집은 우리 집에서 도보로 약 20여 분 거리였는데 오동지섣달에 과외공부를 끝내고 집에 오려면 칠흑 같은 밤중에 회오리 바람소리가 무섭기도 하고, 길목에 있는 화챗독[7]을 피해갈 수 없어 지날 때마다 머리 깃이 솟구쳤다. 어린 마음에 귀신이라도 나올까봐 무섭기도 하여 잠시 잊어버리려고 작은 목소리로 노래를 부르면서 잰 걸음으로 집에 도착하면 온몸에 땀범벅이 되기 일쑤였다. 집에 도착하여 아무런 내색 없이 사립문을 열면서 "엄마!"하고 부르며 "다녀왔습니다."라고 작은 소리로 말하면 엄마는 "아이구, 늦었구나!"라고 말씀하시며 반가이 맞이한 후 식지 말라고 화롯불에 놓아둔 김치찌개와 아랫목 이불 속에 묻어둔 놋주발(周鉢)에 퍼놓았던 밥을 꺼내주셨다. 그때 먹은 김치찌개와 이불 속에 묻어두었던 밥맛은 지금도 잊을 수가 없다.

어머니께서 나에게 해주셨던 것처럼 나도 나중에 내 자식들에게 돌려주고 싶다. 항상 나에게 한없는 사랑 베풀어주신 우리 어머니시다. "어머님 우리 어머님 너무 감사합니다. 어머니 가르침 덕분에 제가 바로 설 수 있었어요. 힘든 시간 잘 이겨낼 수 있었고요. 제가 어머니께 받은 은혜 많은 사람들에게 베풀고 나누며 살겠습니다."

---

7) 상여를 보관해두는 작은 건물

포천중·고 전국에 명성을 날리다

중·고등학교 시절 내 머릿속에서 가장 먼저 떠오르는 것이 있으니 그것은 럭비라는 운동이다. 우리 포천중·고등학교가 전국체전에서 우승을 하여 자타가 공인하는 경기종목이 된 것은 럭비라는 운동이다. 이재규 체육담당 선생님의 지도하에 운동선수들은 자신들이 소지하고 있던 기량을 발휘하여 포천의 명성을 떨쳤다.

▲ 럭비부 일동 (1969. 3)

참여했던 선수들은 김기태(중 19회), 김재민(중 15회), 김희태(중 19회) 남궁 은(중 18회), 박수영(중 19회), 류승태(중 19회), 이광훈(중 19회), 이명길(중 15회), 이헌의(중 19회), 유태희관(중 18회), 조병근(중 18회), 정병학(중 15회), 최영도(중 18회), 최용해(중 19회), 홍상태(중 15회) 등이 참여하여 우승하는데 커다란 공을 세워 포천중고 역사의 한 획을 그었다.

김봉산 교장 선생님의 아이디어로 실시한 모의고사는 석차와 명단을 교실 벽면 상단에 가로로 붙이면 각자의 실력을 알 수 있을 뿐 아니라 경쟁력을 갖출 수 있는 계기가 되었다. 우리 학년에서는 수석으로 입학한 황일현(黃一鉉)이가 늘 모의고사에서 1등을 차지하여 학교에서 영광의 별이란 배지를 달았다.

▲ 오도관에서 열린 승단 및 승급 심사회(1970. 3)

태권도부 오도관 유단자는 본인을 비롯한 김철겸, 이상덕, 이한주, 이광식, 유희열, 유기욱, 오남근, 정해일 등이 운동을 하였는데 특히 김철겸은 국기원에서 태권도 승단시험에서 2단을 따고 제물포고와 서울한성여고에서 열린 전국체전에 출전해 우승을 하여 체육 장학생으로 고교생활을 하였을 뿐 아니라 포천고의 명성을 떨치기도 하였다.

▲ 포천종합고등학교 졸업식에서 자랑스런 어머니(1972. 1)

포천고등학교는 포천종합고등학교로 교명이 변경되었다. 그래서 보통과, 상과, 축산과로 편성되어 모두 4개 반(보통과는 2개 반)으로 구성되었다. 그리하여 대학에 진학하고 싶은 사람과 사회로 나가 돈을 벌고 싶은 사람, 축산업이나 농사를 짓고 싶은 사람 등으로 농촌실정에 맞게 편성되어 각자의 진로를 선택할 수 있게 되었으며, 이후 다양한 분야에서 많은 인재가 육성되었다.

▲ 포천종합고등학교 졸업앨범에서

나는 대학진학에 꿈이 있어 평소부터 꾸준하게 입시준비를 했다. 그러나 그동안 가난의 굴레 속에서 힘들고 무거웠던 어머니의 짐을 조금이나마 덜어드리는 것이 도리라고 생각하여 대학진학의 꿈을 접고 직장을 선택하기로 하였다.

고교시절 오치성 국회의원과의 만남

1970년 초반에 박정희 대통령의 새마을운동과 연계하여 산림녹화의 일환으로 국민식수가 부흥을 이루었던 시기에 오치성(吳致成) 국회의원이 내가 살고 있는 부락에(신북면 만세교리) 방문하여 마을진입로 양면에 주민과 함께 은행나무를 식재하였다.

▲ 오치성 국회의원과 은행나무 식재(1970, 4)

나무는 정부에서 보조하고 식재는 마을주민이 하였는데 그 당시 작대기 굵기 정도의 은행나무가 50년이 지난 지금은 한 아름이 되어 세월의 흐름을 입증하고 있다.

학창시절에 뵙고 40년이 흐른 2010년에 포천시청 건설도시국에 근무할 때 일이다. 포천시가 주차장 난으로 인하여 시민들이 불편을 겪고 있어 장관님 댁을 찾아가서 뵙고 보건소 옆에 소유하고 계신 토지를 공영주차장으로 이용할 수 있도록 청을 드렸더니 흔쾌히 승낙하시어 시에서 주차장 부지를 조성하여 현재는 유용하게 활용하고 있다.

살아생전에 직접 찾아뵙고 고마움의 표시는 했으나 고인이 되신 분에게 다시 한 번 감사드립니다.

오치성 국회의원은 군인 출신 정치가이다. 우리 지역구에서 4선 국회의원과 제33대 내무부장관을 역임하실 때 얼굴 사진이 게첨된 달력과 학창시절에 받았던 책받침이 기억난다.

군복무는 보충역

▲ 8사단 신병교육대에서 (1974. 5)

군복무는 부선망 독자(父先亡獨子)로서 1974년도에 보충역으로 징병 종결 처분을 받았다.

그 후에 8사단 교육대에서 소정의 교육을 수료한 후 집에서 쉬고 있었는데 1974년 7월 초순경에 신북면 병사담임으로 근무하는 권신원(權信源) 선배로부터 신북면사무소로 근무명령이 났다는 연락을 받았다.

그리하여 나는 면사무소에서 수개월간 근무한 후 군 대체복무를 마치게 된 것이다.

일구칠회(중19회, 고17회) 동창회 조직 창설(創設)

고교 졸업 후에는 각자의 직업을 가지고 바쁘게 살았던 시기다. 졸업 당시 반별(보통과, 축산과, 상과)로는 동창회 결성을 하여 운영되고 지역적으로 몇몇 인원이 소모임을 구성하여 경조사시에 왕래는 하였으나 중19회, 고17회가 전체적으로 모이는 학년 동창회 조직은 없다.

2006년 9월에는 포천중·일고 총동문회에서 주최하는 한마음축제 행사를 우리 기수가 주관하게 되어 동창회 조직을 부득이하게 결성하게 되었다.

평소에 알고 지냈던 동창회원의 명단 약 170명을 입수한 후 사전에 이상구(李相九), 윤길현(尹吉鉉), 김용기(金容基) 등 몇몇 동창과 협의하여 발기인 총회와 동창회 운영에 근간이 되는 회칙을 제정하고 2006년 7월 22일 포천 중앙웨딩홀에서 임원선출 및 회칙(안)을 상정하여 통과시켰다.

동창회 명칭은 중19회 고17회(일명 일구칠회)로 하였으며, 본인이 회원의 추대로 회장이 되었으며, 부회장은 반별로 1인씩 추천

▲ 일구칠회 동창회(중19, 고17, 2007, 12)

하여 1반에 원종수(元鍾洙), 2반에 이준모(李俊模), 3반에 김철겸(金哲謙), 4반에 이용자(李容子)가 선임되었고, 총무에는 축산반 김승한(金承漢), 상과반 김남옥(金南玉)을 선출하였다.

임원을 주축으로 동창회를 활성화하고자 수차례 거쳐 소모임을 하면서 한마음 축제행사를 성공적으로 추진할 수 있도록 철저하게 준비를 해나갔다. 그리고 2006년 10월 16일 두 번째 실시한 한마음축제는 일구칠회가 주관이 되어 우리 기수에서 많은 인원이 참석하여 성대하게 치렀다.

특히 축산반 류승태(柳承台) 동창은 모교 재학생들의 장학기금으로 보태려고 어려운 살림에도 송아지 1마리를 기증 하였다, 그것이 동기가 되어 오늘날까지도 한마음 축제 시에는 주관기수기 릴레이식으로 송아지가 전달되고 있어 전 동문회원에게 귀감(龜

鑑)이 되고 있다. 그동안 일구칠회(중19회, 고17회)를 잘 이끌어 온 2대 김승한, 3대 홍사영, 4대 원종수, 5대 정해일. 6대 양국종 회장에게 고마운 마음을 전하며 일구칠회가 지속적으로 활성화되기를 바라는 마음이다.

포천중·일고 총동문회 이모저모

포천고등학교는 시대적 사명에 따라 포천종합고등학교가 되고 또다시 포천일고등학교로 학교 이름이 변천되는 과정을 겪었다. 반월산 기슭에 자리 잡은 포천중·일고가 어느덧 60여 년이 흘러 2021년도 현재 약 37,000여 명의 동문회원이 배출되었다.

1956년도에 총동문회를 창립하여 제1대 동문회장에 윤성진(尹成鎭, 고 1회), 2대 이구상(李九相 고 1회), 3대 이규문(李揆文 고 1회), 4대 윤성진(尹成鎭 고 1회), 5대 원흥순(元興淳 고 5회), 6대 이각모(李角模 고 8회), 7대 조성인(趙誠麟 고 11회), 8대 윤영창(尹永昌 고 12회), 9대 차상현(車祥鉉 고 13회), 10·11대 전형종 (田衡鍾 고 16회) 회장이 이끌어왔다.

2018년 4월 28일은 제12대 포천중·일고 총동문회장 취임일이었다. 그동안 10대, 11대 동문회장을 역임하신 전형종(고 16회) 회장께서는 차기회장을 우리 기수(고 17회)에게 추천해달라고 수

▲ 장학금 전달식(2019. 7)

차에 거쳐 청했지만 선뜻 동문회장을 하겠다는 사람이 나타나지 않았다.

당초에는 우리 기수의 회장을 역임했던 친구가 차기 동문회장을 한다고 하여 회원 다수가 기대를 했는데 개인 사정으로 인하여 부득이하게 못한다고 하였다. 이에 또 다른 친구가 동문회장을 하기로 하였으나 갑자기 지병이 있다는 사유로 불가피하게 못한다고 또다시 고사하였다. 이에 차일피일 미루다가 전임 전형종 회장의 임기가 만료되었음에도 차기회장이 선출되지 않아 부득이 하게 연임을 하였다.

▲ 총동문회 한마음축제 개회식(2006. 10)

그동안 일구칠회 회장을 역임했던 초대 박찬억(朴讚億), 2대 김승한(金承漢), 3대 홍사영(洪思榮), 4대 원종수(元,鍾洙)와 그 당시 5대 회장으로 일했던 정해일(丁海一)에게 동문회장을 맡아 달라고 동창회원들이 권유하였으나 모두 고사(固辭)하였다. 마지막 카드를 제시한 것은 우리 기수에서 차기 회장을 하지 않으면 다음 기수로 넘어간다고 하였음에도 회장을 하겠다는 사람이 없었다.

주변에서는 우리 기수 체면도 있고 명예도 있다면서 대다수 회원이 나에게 공을 던졌다. 나는 며칠간의 고민 끝에 결정을 했다. 동문회장은 회원을 이끌어갈 수 있는 능력과 자질이 있어야 하고 무한으로 봉사해야 하는 힘든 자리라는 것을 잘 알고 있었

▲ 총동문회 한마음축제 행사(2006. 10)

다.

그래도 전형종(고16회) 전 회장께서 일부 동문회원들이 매월 만 원 이상 기부하는 블르드림 사업을 추진한 것은 장학사업과 동문회 운영에 커다란 주춧돌이 되었다.

2002년도에 장학회 설립을 하여 제6대 이각모 동문회장이 주축이 되어 모교에 대한 애정 어린 마음으로 한 푼 두 푼 회원들이 기탁한 3억 원을 정기 예탁하여 불어난 이자액으로 자라나는 21세기의 포천의 주역인 재학생들에게 장학금을 지급하고 있는 것은 매우 자랑스러운 일이다.

동문 소통의 커다란 역할을 한 주인공은 제7대 조성인 동문회

▲ 이병현 군내면장(고 23회)의 장학금 기탁식(2018. 12)

장이다. 동문들의 만남과 소통의 기회를 마련코자 총동문한마음 축제 창설을 하여 추진한 행사는 매우 획기적이고 우리 총동문회 역사에 한 획을 그은 쾌거라 할 수 있다. 2005년도 실시한 첫 번째 행사는 고 16회가 주관하여 동문들의 소통과 화합의 장이 전개되었다.

2006년 10월에 두 번째로 실시한 총동문 한마음축제는 일구칠회(고17, 중19)가 주관하여 많은 동문이 참석, 성대하게 치러졌다. 특히 축산과 출신인 류승태 회원이 모교의 자라나는 재학생들을 위하여 송아지 1마리를 기증한 것이 동기가 되어 지금까지도 한마음 축제 시에는 주관기수가 릴레이식으로 송아지를 모교에 전달되고 있는 것은 전 동문회원에게 귀감(龜鑑)이 되어 계

▲ 동문산악회 반월산 시산제(2008. 1)

속 이어지길 바라는 마음이다.

2018년 12월에 이병현(고 23회) 군내면장은 다산 정약용 선생이 주관하는 청백리봉사상 수상시 받은 상금의 반을 떼어 500만원을 모교 재학생들을 위하여 써달라고 동문회장학재단에 기탁을 하였다. 모교의 동문이자 공직자로서 자랑이라 아니할 수 없다.

특히 2019년 1월에는 모교 졸업생인 신소희 학생(군내면 하성북리)이 서울대학교 간호학과에 합격한 것은 포천일고의 자랑이라 아니할 수 없다. 늘 동문회를 애정 어린 마음으로 가꾸어 오신 이각모(고 8회) 제6대 총동문회장께서 10여 년 전에 포천일고에서 서울대 합격자가 나오면 입학금 전액을 기부하겠다는

▲ 동문산악회(2019. 6)

약속을 이행하여야 한다고 하면서 신소희 학생에게 사비로 입학금 전액을 전달한 것은 재학생들에게 학업에 대한 열정을 심어주었을 뿐만 아니라 총 동문회원에게 귀감이 되었다.

그밖에 동문들의 소통과 화합을 위하여 2006년 1월에 동문산악회를 창립하여 회원위 건강과 친목을 다지며 매월 산행을 실시하고 있다. 매년 첫 번째 달에는 산행안전을 기원하는 시산제를 지내고 매월 산행을 실시하여 동문회원의 소통과 화합에 큰 역할을 하였다.

동문산악회 모임을 주관하여 잘 이끌어온 제1대 김장환(고 13회), 2대 이명희(고 17회), 3대 채희진(고 19회), 4대 이창효(고 20회), 5대 박광현(고 21회), 6대 이중효(고 22회), 7대 안재권(고 23회), 8대 강병태(고 24회) 회장님들께 수고 많이 하셨다는 말을 전하면서 동아리 모임이 지속적으로 이루어져서 동문회가 활성화되기를 바라는 마음이다.

동문골프회도 2006년 6월에 창립하여 이끌어온 초대회장 조성인(고 11회), 제2대 전형종(고 16회), 제3대 이한일(고 18회), 제4대 박권빈(고 20), 제5대 정인식(고 24회) 회장에게도 감사드리며 2년의 임기를 대과 없이 마무리하게 된 것은 역대 동문회장님과 특히 많은 동창들이 주변에서 말없이 도와준 덕분이라 생각한다.

동문회 운영을 하면서 아쉬운 점은 회원들의 작은 목소리라도 귀에 담아서 실천하는데 부족한 점은 있어도 최선의 노력을 하였지만 향후에는 회원들이 동문회 운영에 좋은 대안의 목소리가 자주 흘러나오기를 바라는 마음이다.

차기동문회장 선임

동문회장의 임기만료로 인하여 차기회장 선출에 대하여는 기수 회장에게 추천을 해달라고 협조도 하고 수시로 해당 기수에 접근하면서 여론을 수렴하였으나 동문회장을 하겠다는 기수는 없었다. 그러나 차기 동문회장 추천은 정관상 해당 기수에서 추천을 해야만 하는 것이기 때문에 기다렸다.

2018년 2월 동문회 임원회의 때 양호식(고 23회) 감사께서 "차기 동문회장을 먼데서 찾지 마시고 가까운데서 찾아보세요." 라고 해서 "그분이 누구냐?"고 물었더니 "고등학교 19회를 졸업한 서재원 차의과학대학교 부총장이에요."라고 말했다.

이에 나는 서재원 부총장께 전화를 하여 구두로 약속날짜를 잡았다. 그리고 그 일시에 양호식 감사와 함께 차의과대학 부총장실에 찾아갔다. 서재원 부총장께 그동안 동문회 운영에 관한 이야기를 하면서 차기 동문회장을 맡아달라고 하니까 서 부총장은 "지금 결정할 사안은 아니고 제가 며칠 동안 고민해서 가·부를 연락하겠다."고 하였다.

그리고 며칠 후에 연락을 받은 바는 차의과학대학교 본부가 이곳 포천으로 이전하게 되어 일정이 바쁘다는 이유로 동문회장을 맡아 일하는 것이 힘들겠다는 소식을 전해왔다.

그래서 2019년 3월에 동문회 사무국장을 역임하셨던 이용준(고 8회) 동문회 고문에게 "차기동문회장 추천이 없어 동문회장 선임에 차질이 예상되니 좋은 대안이 있으신지?" 넋두리 삼아 이야기를 하였더니 지금 차기 회장을 해야 할 적임자에게 역대 동문회장 몇 분이 수차에 거쳐 조율 중에 있으니 조금만 기다려 보자고 하였다.

그 후 2019년 4월에 동문회 사무실에서 역대 동문회장과 각 기수별 회장, 그리고 임원들이 모인 가운데 차기회장 선출에 관한 안건을 상정했다. 차기회장 선출에 대하여 추대할 동문회원이 있으면 말씀하여 달라고 주문하니까 이각모 제6대 총동문회장께서 "차의과학대학교 서재원(고 19회) 부총장을 추천한다."고 하였다. 참석한 회원 모두가 이견이 없어 만장일치로 가결되어 서재원 동문이 차기 회장으로 선임되었다.

동문회장을 할 인재는 많으나 막상 본인 스스로 하겠다는 사람이 없으니 앞으로는 동문회를 이끌어갈 회장이 많이 나와서 경쟁을 하는 날이 왔으면 하는 바램이다.

제12대 총동문회장을 마무리하면서

포천중·일고 총동문회장 이임사

안녕하십니까? 포천중·일고 총동문회장 박찬억입니다. 요즘 산과 들에는 새싹이 봉긋하게 돋아나고, 나무들은 화려하게 꽃을 피운 후에 아름답게 떨어뜨리는 모습이 마치 꽃비를 연상케 하는 화사한 봄날입니다.

오늘, 휴일임에도 늦은 시간에 포천중·일고 총동문회 정기총회 및 동문회장 이·취임식에 자리를 함께하여 주신 원흥순 전 동문회장님을 비롯한 역대 회장, 그리고 참석해주신 모든 동문회원님들께 감사하다는 말씀을 드립니다.

어느덧 반월산 기슭에 자리 잡고 있는 우리의 모교가 60여 년이 흘렀습니다. 현재까지 동문회원이 중학교 19,000명 고등학교가 17,000명으로 약 36,000여 명이 배출되었습니다.

선배님을 비롯한 모든 동문회원님들이 모교라는 뿌리를 지키기 위하여 동문회가 결성이 되어 여러 회원님들께서 물심양면으로 많은 협조를 하여주신 덕분에 포천중·일고 총동문회가 포천의 명품 동문회라고 아니할 수 없는 동문회가 되었습니다.

금년도에도 여러 가지 일들이 많았습니다만 안타까운 소식은 늘 동문회를 사랑하고 애정 어린 마음으로 잘 가꾸어 오신 이구상 전 모교 교장선생님께서 지난 4월 10일에 타계하셨습니다. 이 자리를 빌어 다시 한 번 전 동문회원님과 함께 애도의 뜻을 표하는 바입니다.

그런 중에 한 줄기 빛과 같은 기쁜 소식은 모교 졸업생인 신소희 학생이 서울대학교 간호학과에 합격을 하였습니다. 이는 포천일고의 자랑이라 아니할 수 없습니다. 이 자리를 빌어 다시 한 번 축하를 드립니다. 특히 10여 년 전에 이각모 전 동문회장님께서 포천일고에서 서울대학교 입학생이 나오면 구두로 입학금 전액을 주겠다는 약속한 바 있었는데 금년도에 그 약속을 지킬 수 있었습니다. 이각모 전동문회장님은 신소희 학생에게 사비로 입학금 전액을 전달한 바 있습니다. 이 자리를 빌어 이각모 전 동문회장님께 고마움의 표시로 큰 박수를 보내주시면 감사하겠습니다.

두 번째 기쁜 소식은 포천일고 23회 이병현 군내면장께서는 지난해 12월에 다산 정약용 선생 청백리봉사상을 수상하셨습니다. 이병현 군내면장님은 그때 수상하신 상금의 일부를 21세기 포천의 주인인 자라나는 학생들에게 써달라며, 모교 장학재단에 500만원을 기탁하였습니다. 우리 모두 감사의 박수를 쳐주시기 바랍니다.

그밖에 동문들의 소통과 화합을 위하여 매달 실시하는 동문 골프회와 동문산악회을 이끌어 오신 박권빈 골프회장, 안재권 산악회장님에게도 수고 많이 하셨다는 말씀을 드립니다. 우리 모두 금년도에도 더욱더 잘 해달라고 큰 박수쳐주시면 감사하겠습니다.

또한 매달 1만 원 이상 보내주시는 블르드림 참여회원님에게도 동문회와 장학회 운영에 근간이 되어 커다란 힘이 되고 있기에 진심으로 감사하다는 말씀을 드리며, 아쉬운 점은 요즘 경제적으로 어려운 탓인지 참여자가 감소하는 추세에 있으므로 많은 회원님들이 참여하시여 동문회 활성화에 큰 힘이 되어주시길 당부를 드립니다.

사랑하는 동문회원 여러분! 저는 이제 동문회장의 임기를 마치고 자리를 떠나갑니다. 2년간의 임기동안에 많은 동문회원님들께서 음으로 양으로 도와주신 덕분에 무사히 마치게 된 것에 대하여 이 자리를 빌어 감사하다는 말씀을 드립니다.

특히 일고 17회 동기들이 동문회장이라는 본인을 힘을 실어주기 위하여 늘 걱정하고 도와주고 아껴주고 함께 동참하여 준 것에 대하여는 정말 고맙습니다. 이 자리를 빌어 정해일 동창회장을 비롯한 저의 동기에게 박수 한 번 쳐주시면 감사하겠습니다.

그동안 동문회장 임기동안에 여러 가지 일들이 있었습니다만 혹시나 저로 인하여 불편했거나 서운한 점이 있었다면 부덕의 소치로 이해하시고 오늘 이후로 잊어주시기 바랍니다.

그동안 일했던 과정에서 도출된 문제점에 대하여는 후임 동문회장께서 '회원님들과 소통하여 의견을 수렴하고 추진한다면 동문회 활성화가 될 수 있다.'라고 자부하고 있습니다.

존경하는 동문회원 여러분! 이번에 동문회장으로 취임하시는 서재원 회장은 덕망이 있고 훌륭하신 동문입니다. 우리 고장 창수면 출생이고 중학교 21회, 포천일고 19회로 서울대학교를 졸업한 후 KBS보도본부에서 다년간 근무하다가 현재는 차의과학대학교 부총장으로 재임하고 있습니다.

우리 모두 동문회원 모두가 늘 소통하는 자리를 함께 하면서 아젠더에 대한 대안을 제시하고 앞에서 끌어주시고 뒤에서 밀어주셔서 동문회가 활성화될 수 있도록 힘을 모아주시기 바랍니다.

지금까지 동문회를 잘 가꾸어 오신 회원님들께 다시 한 번 감사를 드리고 늘 역사와 전통을 자랑하는 포천중·일고 총동문회가 우리고장 포천에서 꿋꿋하게 자리매김한 것을 후배들에게 아름답게 물려줄 수 있도록 많은 관심과 애정으로 동참하여 주시기를 당부드리면서 인사에 가름합니다. 그동안 정말 감사했습니다.

2019년 4월 28일

포천중·일고 제12대 총동문회장 **박 찬 억**

3부

일터라는 성장의 숲

첫 직장은 산림조합

나는 고교시절에 대학 진학을 꿈꾸며 예비고사와 본고사를 준비했다. 그러나 그동안 가난의 굴레 속에서 허덕이며 뒷바라지하셨던 어머니의 부담이 연속되는 것은 내 생애에 커다란 죄를 짓는 것 같아서 불가피하게 포기해야만 했다.

그래서 무슨 일을 해야 할 지 전전긍긍하다가 고교를 졸업한 1972년 봄철에는 남의 밭에 묘목 심는 일을 하는 것으로 하루하루를 보냈다. 그러던 중 여름에, 같은 동네에 살았다가 포천읍내에 주거를 둔 포천경찰서 정보과에 근무하는 조사원(趙四元) 선배께서 "산림조합에 자리가 있는데 다닐 의사가 있느냐?"고 묻길래 다니겠다고 하였다.

고등학교 졸업 후 처음 갖는 직장이라 부푼 가슴으로 산림조합에 첫 출근을 하여보니 사무실의 규모는 작았다. 조합장은 서기관을 역임하시고 경기도정 자문위원을 지내신 조문형(趙文衡) 님, 상무이사는 광동산림고등학교에서 교사를 역임하셨던 안상남(安相男) 님이었고, 1975년부터는 정해선(丁海宣) 조합장님[8]과

강정현(姜正玄) 상무님이었다.

그 당시에 조합원의 구성은 포천구역내 거주하고 있는 지역주민으로서 산림계원(山林契員)이라고 하였으며, 대표자는 법정리별로 산림계장(山林契長)이 있었다. 즉 조합은 공무원도 민간인도 아닌 반관반민(半官半民)으로서 산림계원들로 구성된 자주적인 협동조직 이었다.

조합에서 주로 하는 사업은 조림자에게 배부하는 묘목을 기르는 양묘사업과 일부 부락에서 국가소유의 임야를 대부받아 나무를 심고 가꾸는 산림계 대부림 관리, 연료채취 목적으로 식재하는 연료림 조성사업, 농외소득의 일환인 갈저(葛貯)생산[9] 사업이었다.

조합의 재원이라야 연료림 조림과 무육(撫育)사업에 따른 지도비와 양묘사업에 따른 수익금이며 특히 산림계원이 부담하는 산림조합비가 큰 몫을 차지하였지만 징수하는 데는 많은 어려움이 있었다. 재정적으로 열악하여 힘들었던 시기에도 고통을 참으면서 1975년에 경기도 시·군 산림조합 전형시험에 합격하여 애정어린 마음으로 근무하였다.

8) 1959년 제4대 영북면장과 1960년 제5대 포천면장을 지냄
9) 갈저(葛貯)란 산야에 널리 자생하고 있는 칡넝쿨의 속껍질을 벗겨서 만든 섬유로서 이것을 면사와 섞어서 짜던 것을 갈포(葛布)라고 한다.

직두리 산림계원의 국유림 내 조림 성공신화(神話)

1973년 11월경 조합에 근무할시 큰 경사가 일어난 것이다. 군내면 직두리 산림계에서 국가인 산림청로부터 250정보라는 임야를 양여받는 날이었다.

내용은 1958년에 군내면 직두리 산림계에서 산림청 소관 국유림 약250ha를 조림 목적으로 대부기간 10년을 약정하여 계약을 체결한 후 직두리 부락민들이 조림을 실시하고 하예작업 등 사후관리를 하였다. 그러나 대부기간 만료 후에는 최초 대부허가시 조림을 해야 할 실적이 부진하다는 사유로 5년의 대부기간을 연장하는 것이 불가피하였다.

당초 대부 때에는 법정부락인 직두리 전체주민 세대 당 1명씩 168명이 참여하였지만 도중에 힘들고 관심이 없다는 사유로 46명이 포기하여 대부기간을 연기할 시에는 122명만 참여하였다. 참여한 사람이 조림비 즉 묘목대 · 인건비 · 하예작업 등 사후관리에 소요되는 경비는 한 사람 당 벼 한가마니 값, 약 7,000원 정도를 받아서 충당하였다고 한다.

온 정성을 다하여 대부림 관리에 주도적인 역할을 한 채희영(蔡熙榮) 산림계장(山林契長)은 자타가 공인하는 사람이다. 1978년도 경기도 내에서 낙엽송과 잣나무를 가장 많이 심었다고 조림왕으로 선정된 것도 직두리 산림계 정병준(鄭炳準) 총무를 비롯한 참여한 산림계원 모두가 대부림 관리에 온힘을 기울인 결과라고 한다.

그 후에 1973년 11월에는 산림청으로부터 군내면 직두리 산림계(山林契)에서 산림청소관 국유림 관리(조림 및 육림)가 전국에서 최우수 산림계로 선정되었다. 그 결과 직두리 산1번지 약 230ha, 산2번지 약20ha, 도합 250ha를 대한민국 1호로 국가(산림청)로부터 무상으로 양여(讓與)를 받은 것이다.

그러나 무상으로 양여 받은 임야는 10년 내에는 처분하지 못한다는 양여조건이 있었으므로 처분을 못하고 있다가 그 기간이 지난 1983년도에 74억에 매각하여 법규에 따라 참여자에게 일부 분배한 바 있다.

지금의 대부림 관리는 어떤가? 1958년도에 관내 수십 개소의 부락 산림계에서 산림청소관 국유림을 조림목적으로 대부받아 부락주민들이 나무를 심고 가꾸어왔던 대부림을 현재는 생립된 임목대금만 부락에 지급한 후 해당 부락 산림계장으로부터 반지계를 받아서 산림청 관할 국유림관리소에서 관리하고 있다. 그동안 대부림을 관리했던 부락 주민들의 원성을 더듬어 보면 어떤지 생각해본다.

농외소득의 일환인 갈저생산

산림조합에서는 6월이면 갈저생산을 위한 사업이 한창 진행되는 시기였다. 갈저(葛貯)란 산야에 널리 자생하고 있는 칡넝쿨의 속껍질을 벗겨서 만든 섬유로써 이것을 면사와 섞어서 짜던 것을 갈포(葛布)라고 하는데, 우리나라에서는 여름철 옷 또는 모기장 등으로 사용되어왔고 고대에 일본에서는 상복으로 사용되었다고 한다.

갈포벽지의 제조는 2차 세계대전 이후 일제강점기에 일본인이 우리나라에 거주하기 시작한 이후부터 가옥 내에 사용하는 미다지(후스마) 용지로서 필요성을 느껴 만들었을 것으로 생각되나, 그 당시 제조비법은 일본인들만 알고 있었기 때문에 일본정부의 요구에 따라 갈저수출이 시작되었다.

갈포벽지 수출을 뒷받침할 수 있는 갈저는 매년 6월과 8월 사이에 부락 산림계원(山林契員)들이 소득향상과 갈포벽지 수출증대를 위하여 실시하는 사업으로써 주로 생산되는 지역은 첩첩산중인 청산면(현 신북면) 갈월리, 삼정리, 덕둔리, 금동리로 부락별로 개울가에 가마솥이나 드럼통을 걸어놓고서 주민들이 칡을 끊어 가지고 오면 삶아낸 뒤 일정기간 동안 풀을 덮어 발효를 시킨다. 그 후에 아낙네들은 개울가에서 흐르는 물에 겉피를 물에 씻어낸 후 속대를 벗긴 하얀 피를 햇볕에 건조하여 표백효과와 빛깔을 좋게 한 후 타래를 짓고 포장한 갈저(葛貯)를 공급상사에 인계한다.

가마솥과 드럼통을 개울가에 걸어놓고서 칡을 삶아서 상품이 될 때까지 주관하는 사람은 갈월리에 박철화(朴喆和), 삼정리에 이달주(李達周), 덕둔리에 박성신(朴性信), 금동리에 김도만(金道萬)이었다.

나는 여름철 칡넝쿨 채취시기 때면 부락 산림계장(山林契長)댁에서 숙식을 하면서 자전거를 타고 칠월리부터 시작하여 간자동, 소둔지, 가마골, 원덕둔, 지동, 새목으로 집집마다 방문하여 주민들에게 칡을 끊으라고 독려한다. 그러면 동네 주민들은 "박서기는 비행기 엔진을 삶아먹었는지 발 빠르게 돌아다닌다."고 했던 기억이 난다.

농가부업 소득의 일환으로 추진했던 갈저생산 사업은 주원료인 칡을 제거하는 것이므로 나무 생육이나 농외소득에 큰 효과가 있으므로 장려할 만한 사업이었지만 무더운 날씨에 산에서 칡을 채취하는 일을 기피하고 있으므로 지금은 사업자체가 사라져 가고 있다.

나는 공무원시험 3수생

나는 공무원시험 3수생이다. 내가 산림조합에 근무할 때 일이다. 업무협의 차 가끔 대면할 때면 군청 산림과 직원은 나를 마치 부하직원 다루듯 억압하는 자세로 대했다. 내색은 않았지만 마음속으로 '나도 공무원을 할까 말까'하는 갈등 속에서 공무원시험에 관한 참고서를 구입하여 틈틈이 생소한 산림분야에 대한 공부를 하여 응시하였으나 두 번이나 낙방했다.

그리고 1975년 11월에 공무원시험에 세 번째로 응시했다. 이번 시험에 떨어지면 산림조합에 계속 다녀야 할지, 아니면 다시 공부를 하여 시험에 계속 도전할지, 두 갈래의 길을 놓고 고뇌에 찬 하루하루를 보냈다.

12월, 드디어 합격자 발표 날이 돌아왔다. 나는 "또 떨어지면 어떻게 하지?"하는 마음으로 포천군 게시판의 합격자 명단을 보니까 내 이름의 쓰여 있었다. 합격의 기쁨은 나도 좋았지만 어머니께서도 기쁘다면서 온 동네가 떠들썩할 정도로 우리 아들이 공무원시험 합격했다고 자랑삼아 이야기 하시곤 하셨다.

합격 이후에 공채 합격자들이 거의 발령이 났는데 본인만 발령이 나지 않았다. 그 사유를 알아본 바, 직렬이 임업분야이므로 산림과로 발령이 나야 하는데 현재 자리가 없다는 사유로 발령이 나지 않은 것이다. 나는 "기다리고 있으면 언젠가는 발령이 나겠지?"하는 마음으로 산림조합에서 근무를 하고 있었다.

조합에서 모셨던 정해선(丁海宣) 조합장님은 내가 공무원시험에 합격이 되었는데 발령이 나지 않아서 안타까우신지 군청 행정계 인사 담당자인 Y씨에게 가끔 전화를 하시어 "우리 조합 직원 박 서기는 언제 발령이 나나요?"하시면서 전화하시는 것을 옆에서 종종 들었다. 체구가 조그마한 조합장님은 누가 뭐래도 열변으로 규정과 원칙을 주장하시는 분이셨다. 그때 그분의 모습이 그립다.

산림부서에서 평생직장으로 일하다

1976년 9월, 포천군수로부터 산림부서에서 근무하라는 임용장을 받았다. 당시 산림과 조직에는 식수계와 보호계가 있었다. 산림과장은 서울대 임학과를 졸업한 이건상(李建相), 그리고 식수계장은 김덕창(金德昌), 보호계장은 이충한(李忠漢)이었으며 그 밑에서 조림사업 컨트롤의 주역은 이규윤(李圭允) 주무관이었다.

1973년도부터 제1차 치산녹화 10년 계획(1973-1978)이 시작되면서 본격적인 조림사업이 시작되었다. 정부에서는 농림부 소관으로 있던 산림청을 산림보호단속 강화를 위하여 경찰을 소관하는 내무부로 이관하였다. 그러면서 산림복구 사업은 내무부에서 1972년 시작한 사회개혁운동인 새마을운동과 연계되어 추진하였다. 새마을운동을 통한 대대적인 조림사업과 지역주민들의 아궁이 개량사업, 무연탄 공급사업 등으로 산림복원을 추진했다.

그 시기에는 빠른 시일 안에 녹화되는 속성수 위주의 조림과 농촌의 연료공급으로 인한 연료림 조성을 위주로 하였는데 아카시나무와 리기다소나무, 오리나무 등을 중점적으로 식재하였다.

대국민 홍보강화를 위하여 정부에서는 나무심기가 좋은 매년 3월 21일부터 4월 20일까지 한 달간을 국민식수기간으로 정했다

산에 나무를 심으려면 미리 묘목부터 잘 길러야 한다. 묘목 키우는 것을 양묘사업이라 하는데 관내 양묘업자는 군내면 유교리 광릉농원 윤대수(尹大秀), 창수면 주원리 만수원 김명원(金命源), 이동면 노곡리 안상남(安相男) 등이 묘목을 키워냈다.

묘포지에서는 주로 장기수인 낙엽송, 유실수인 잣, 밤나무 등이며 연료림 조성용으로 아카시, 리기다, 오리나무를 기른다. 기술의 적용이 불가능할 것으로 여겨졌던 속성수인 이태리포플러와 현신규 박사가 개발한 현사시나무 양묘[10]는 각 마을에서 실시했다. 특별한 기술을 요하지 않아 일정 규격으로 가지를 잘라서 땅에 꽂아 심으면 활착률이 양호하여 성공했다.

굴취한 묘목은 주로 장기수와 유실수는 산주에게, 속성수와 연료림은 마을, 군부대, 학교 등으로 운반하여 식재했다. 속성수 양묘와 조림을 마을소득으로 연결시킨 것이 큰 효과를 보았다. 묘목은 각 마을에서 키웠고 묘목 값은 정부가 치렀다. 생산된 묘목은 마을의 앞산과 뒷산에 심는 일은 다시 주민들의 몫이었다. 마을 산을 푸르게 가꾸면서 수입도 생긴다니 각 동네 이장과 새마을지도자들이 앞장섰다.

나무를 심는 것은 조림하는 주체별로 기관(機關)조림, 군(軍)조림, 산주(山主)조림, 마을조림을 추진했는데 마을조림의 비중이

10) 양묘: 묘목 키우기

가장 컸다. 조림사업을 완료한 후에는 모두가 끝나는 것이 아니라 산 너머 산이다. 심은 나무가 뿌리를 내려 살았는지 활착 검사를 받는 일이 있었는데 그 일은 공무원들의 몫이었다.

산림공무원 인력만으로는 부족하여 전국의 공무원들이 총동원됐다. 지역별로 교체해서 검목(檢木)을 한다. 가령 우리 포천군에서 심은 나무는 다른 시·군의 공무원이 몇 개소 표본조사를 하여 평균치로 심어진 본수를 확정하였다.

검사는 주로 식재본수와 활착률을 확인하였는데 혹시 덜 심었는지 잘못 심어서 고사되었는지 등을 확인할 때면 가슴을 조아린 일이 한두 번이 아니었다. 그 당시 철저하게 추진했던 치산녹화 10년 계획의 성과는 지금 우리가 눈에 보이는 성과 그대로다. 그때 나무를 심지 않았더라면 지금도 우리나라는 벌거벗은 산으로 있을 게다. 그때는 힘들었지만 지금 생각해보면 그때 보람 있는 일을 해냈다는 자부심이 크다.

속성림에서 경제림 정책으로

제1차 치산녹화 계획기간에 심은 나무는 녹화위주로 나무를 심어서 성공하였다. 1972년도 시작한 1차 치산녹화 10년 계획기간은 4년 앞당겨 1978년도에 마무리 되였고 1979년도부터 시작되는 2차 치산녹화 10년 계획은 산지자원화를 지향한 경제림 조성에 목표를 두고 실시하였다.

소나무와 활엽수 잡목 등 천연림으로 자생하고 있던 임목을 벌채한 후 유실수인 밤나무, 잣나무 그리고 경제수인 낙엽송을 매년 반복적으로 심었다.

평소에 나무에 애착을 가져 산에 조림을 실시한 독림가가 있다. 산림청 소관 국유림을 국가와 분수림 설정계약을 (분수율 국가 1, 산주 9) 체결하여 낙엽송, 잣나무를 식재하여 애지중지 길러온 일동면 화대리의 이병규, 신북면 금동리의 이규오, 한영석, 창수면 오가리 청구목재 강의룡 등 네 분의 독림가가 그들이다.

또한, 개인소유 산림에 유실수인 밤나무를 심어 남다른 애정으로 경재림 단지를 조성한 영북면 대회산리 대도농장 대표 유래

윤 씨와 관인면 중리 세운녹화회 대표 윤유병 씨, 경제수인 낙엽송과 잣나무를 영북면 산정리 등에 식재하고 같은 면 운천리에서 백은병원을 운영하면서 남다른 애정으로 산림녹화를 이룬 김범용 독립가와 신북면 금동리에 김주은 임업인이 그들이다.

특히 김범용 독립가는 병원장을 역임 하면서 나무가 좋아 산을 구입하여 나무를 심고 틈만 나면 사후관리를 철저히 하신 분이다. 지금 웅장하게 자라나고 있는 나무의 모습을 보면 너무나 가슴이 뿌듯하다. 그분들은 자타가 공인하는 산림녹화의 공헌자다.

김주은 임업인은 첩첩산중에 거주하면서 "오직 나무만 심고 기르면 배고픔은 면할 수 있다."라는 신념으로 살아온 분이다. 1960년대 전후부터 틈틈이 본인소유 임야에 잣나무를 심고 질 키워온 결과로 한 해에 피잣을 약 200가마를 수확했다고 한다. 돈으로 환산하면 매년 피잣은 고시 가격이 정한 것이 아니기 때문에 정확한 가격은 아니지만 1970년대 초,중반에 시세가 피잣 한 가마니 가격이 쌀 5가마(1975년 쌀 1가마니 약 28,000원)가격으로 환산하면 실로 엄청난 금액이었다.

경제림에서 피땀 흘린 결과로 얻은 수확은 수지 타산은 좋았다. 호황을 누렸던 경제수림이 지금은 어떤가? 잣나무의 사례를 보면 잣을 수확하는 데는 산주의 입장에서는 순수한 인력으로 따야하기에 많은 어려움이 따른다. 어떤 산주들은 잣을 따다가 실수로 나무에서 떨어져 불구가 되어 고통을 평생 달고 살다가 운명을 달리하는 비극도 있다.

▲ 나무가꾸기 사업행사(2000. 11)

그래서 한 번은 1989년 임사빈 경기도지사 재임 때 원숭이를 들여와 잣을 따도록 훈련시켰는데 원숭이들은 포기했다고 한다. 왜냐하면 털에 송진이 묻는 것이 싫어서였을 것 같다.

그 후 2000년도에 본인은 민간 헬기를 임대하여 프로펠러의 회전력으로 잣을 따려고 신북면 금동리 잣나무 단지에서 시험을 하였지만 생장이 왕성한 가지 끝에 달려있는 잣이기에 떨어지지 않았다. 오히려 축사지붕에 설치된 슬레이트만 날아가서 복구를 해주어야 했다. 이에 포기하지 않고 다른 방법을 모색한 것은 망태를 헬기에 부착하여 사람을 망태 속에 태우고 장대로 잣을 땄지만 1시간의 헬기 임대료 380만원에 비하여 잣을 따서 수확되는 금액이 적으므로 포기한 바 있다.

건축 외장 구축물인 낙엽송 족장목(말구 1치에 길이 24자)가격은 1970년 중반에는 본당 5,000원에도 물건이 없어 구입을 못했는데, 지금은 이용할 곳이 없다며 가져가지도 않는 실정이다. 물론 그때는 건축용 부재료로 이용했는데 지금은 철재 파이프를 사용하는 현실성 때문에 어쩔 수가 없다.

경제조림은 아직 미완성의 작품이다. 1차 치산녹화 계획이 끝나고 30년이 지난 지금도 우리나라 토질에 맞는 경제수종이 제대로 개발되지 않았다. 우리나라에 맞는 토종 경제수종은 언제쯤 육종될 것인가? 퇴임을 한 지금도 의문이 든다.

잦은 산불진화

산불은 주로 봄철인 3월부터 5월까지 주로 발생한다. 주요 원인은 농촌에서 산과의 연접된 논·밭두렁 소각, 청명이나 한식 때의 성묘객에 의한 실화, 농산폐기물 소각으로 인하여 발생하며 특히 우리 관내는 대형 사격장이 2곳(영평 미군사격장, 이동면 장암리 승진사격장)이 있으나 사격장 내 산불이라도 방심(放心)할 수 없다.

물론 각 읍·면·동에서 수시로 산불예방에 따른 홍보를 체계적으로 하고 있지만 예기치 못한 산불이 빈번하게 발생한다. 산불 발생 신고가 있어 현지에 진화작업 차 도착하면 안타깝게도 불을 낸 사람이 진화하려고 애를 쓰는 바람에 온몸에 화상을 입고 실신하여 사망하는 사례를 종종 보게 된다.

참으로 안타까운 일이었다. 물론 불을 낸 사람은 당황하여 정신없이 불을 끄려는 마음에서 그랬는지 모르지만 일단 산불은 초동 진화가 아니면 나중에 인력으로 진화하는 것은 불가항력이기 때문에 섣불리 접근하면 대형 사고로 이어지게 된다. 그래서 산불을 발생했거나 발견하면 가장 먼저 관공서나 소방서에 신고를 하고 안전한 장소에서 기다려야 한다.

1989년 봄날에 관인면 중리 지장산에 난 산불은 많은 인력과 산림청 진화헬기가 동원되어 진화를 시도했지만 불씨가 되살아나 며칠 간 지속적으로 연기를 내뿜으면서 재발되어 2차산불이 발생했다. 산림청 소속의 진화 헬기가 불씨를 잡으려고 중리 저수지에서 급수를 하여 산불현장에 살포 후 잠시 중리 부락 농경지 부근 뚝방에 착륙하려다가 프로펠러가 논둑에 걸리는 바람에 헬기 본체가 기울어진 사고가 있었다. 다행히 인명사고는 없었지만 인명사고로 이어질 뻔한 사고였다. 며칠 간 수많은 사람과 진화 장비를 동원하여 산불진화 작업은 마무리 되었지만 그 당시 탑승했던 승무원들의 아찔했던 순간은 어떠했을까.

더욱 안타까운 것은 동료직원의 부음소식이다. 우리 관내에서 발생한 산불은 아니지만 1998년 4월의 봄날이다. 동두천 미군사격장에서 산불진화 작업 중 포천에서 같이 근무했던 이강욱(李康旭)의 죽음은 정말 주변 사람들의 마음을 안타깝게 했던 순간이었다. 포천군 산림과에서 수년 간 함께 근무하다가 행정구역 개편으로 양주군 동두천읍이 동두천시로 승격되어 행정기구가 확장되었다. 이에 본인은 승진 하겠다는 기대감으로 전출하였는데 며칠 후에 동두천 미군사격장에서 대형 산불이 발생되어 진화작업 하던 중 그만 화마에 휩쓸려 안타까운 죽음을 당했다.

현장은 매년 산불이 났던 곳으로 1년생 시초(柴草)로 생립되어

▲ 산불진화대원 산불예방과 진화요령 교육(1999. 3)

있어 갑자기 회오리바람이 부는 바람에 동료직원을 포함한 공익근무요원 등 7명의 진화요원이 모두 죽음을 당했던 것이다. 동료직원은 심한 화상으로 몸 전체가 새까맣게 타서 누군지 형체를 알아볼 수 가 없어 손목시계를 보고 사체를 수습하여 포천 고향땅 양지 바른 곳에 안치되었다. 나는 그곳을 지날 때마다 살아서 펴지 못한 꿈을 죽어서 넋이 되어서도 크게 펼쳐보라고 기도하며 산불로 많은 인명을 앗아간 다른 고인들에게도 명복을 빌었다.

산불진화는 민간 임대헬기와 산림청 헬기로 1차적으로 화두를 잡은 후에 2차적으로는 진화대원을 투입하여 진화 후 뒷불정리를 하는 순서로 진행된다. 강풍의 위협은 해마다 여전하다. 산불은 강한 바람으로 진화에 어려움을 겪지만 진화헬기가 도착할 수 있는 시스템이 구축되어 있기 때문에 초동진화가 가능하다.

또한 산불확산 예측 시스템은 변화무쌍한 바람으로 불가하나 요즘은 무인기 드론을 통한 촬영으로 맞춤형진화가 가능하다고 한다.

우리나라의 산불진화 능력은 세계최고 수준이지만 한순간의 실수로 산림자원이 소실하는 피해까지 막을 수는 없다. 산불은 논두렁 태우지 않기, 입산 시 성냥 라이터 등 소지하지 않기 등 예방이 중요하며 만일 산불의 발생이나 발견 시 빠른 신고가 관건으로 국민들의 관심이 중요하다고 하겠다.

산림보호 단속의 허탈감

매년 3월에서 5월까지는 조림사업과 산불방지사업에 온 행정력을 쏟는다. 조림사업이 끝나 숨을 돌릴 만하면 6월부터 나무의 새순이 왕성한 시기에 월동기에 굶주렸던 유충들이 여린 잎들을 갉아먹는다. 벌레들을 박멸하는 방제작업을 해야 하며 가을과 겨울에는 산림보호 단속을 한다.

1977년의 추운 겨울이었다. 산림과 전 직원회의가 있어 업무수첩을 지참하고 과장 지시사항을 기록한다. 요즘 농촌에서 겨울철 난방용 땔감을 준비하기 위하여 나무를 무자비하게 자르고 그 밑에 떨어진 가리(솔잎)나 나뭇잎을 채취하고 있으니 철저히 단속을 하라는 것이다.

"단 단속 시에는 혼자 가지 말고 2인 1조로 단속을 해야 한다."라는 것이다. 회의가 끝난 후 선배직원에게 "왜 두 사람이 같이 가야 하느냐?"고 물었더니, 옆에 있던 선배직원 왈 "과거에 산림보호 단속 차 깊은 산골에서 나무 베는 엔진톱소리가 나서 현장에 도착하였더니 도벌꾼들이 혼자 나왔다는 것을 알고서 단속 나온 직원을 도벌꾼 서너 명이 나무에 세워놓고 칡으로 돌돌 묶어서 추운겨울에 얼어 죽은 일이 있다."라는 말을 한다.

그 말을 들은 후 나는 더럭 겁이 났다. "그럴 수 있을까?"라며 혼자서 곰곰이 생각한 결과는 "아니 그럴 수도 있겠구나."였다. 왜냐하면 그 당시에는 나무를 함부로 베게 되면 중형을 받는다는 것을 농민들은 다 알고 있었다. 옛말에 '동네에 산림간수(山林看守)가 나타났다고 하면 울던 아이도 뚝 그쳤다'는 말이 있듯이 산림간수의 이미지는 두렵고 무서웠다.

그때만 하더라도 단속을 나가려면 기동력이 있는 오토바이를 타고 나가야 하는데 오토바이를 이용할 수 있는 순번이 돌아왔다. K직원과 함께 가와사키 오토바이를 타고 비포장 신작로의 뿌연 먼지를 뒤집어쓰면서 청산면(현 신북면) 일대에 도착하여 순찰을 하고 있었다. 그런데 산속에서 엔진톱소리가 났다. 현장에 가보니 참나무를 베어 정신없이 장작을 만드는 중이었다. 그러더니 우리 두 사람을 보더니 톱을 그 자리에 놓고서 걸음아 나 살려라 하면서 도망을 치는 것이었다. 나는 직원회의 시에 두렵던 이야기가 생각도 나고 겁이 났지만 젊은 혈기에 도벌꾼을 잡으려고 온 힘을 다하여 쫓아갔다. 그렇지만 도벌꾼을 놓치고 말았다.

도벌꾼 잡는 것을 포기하고 허탈한 마음으로 발길을 돌려 마을 입구에 도착했는데 해 질 무렵이라 산에서 부락주민들이 지게에 솔가지, 솔가리, 참나무, 고자바리 등을 잔뜩 짊어지고 부락으로 내려오는 것을 발견했다.

적발한 사람들의 인적사항을 파악한 후 다음날 아침에 산림과 사무실에 출석하라고 했다. 그러면 담당계장은 앞으로는 이런 일을 하지 않겠다는 자술서를 받고 훈방조치를 한다.

그 시기에는 농촌에서 연료로 사용하는 땔감의 종류는 나무와 농산 부산물이 전부였다. 주민들은 땔감을 팔아 돈을 벌려고 하는 것도 아니다. 겨울에 난방을 위해서는 땔나무를 하여 아궁이에 집어넣고 때야만 방에 온기가 돌기 때문에 어쩔 수 없다. 그 당시 정부에서는 벌거숭이 산이라도 보호해야 된다는 이유로 경찰까지 동원하여 단속을 강화했다.

지금 산에는 어떤가? 나무 밑에는 낙엽 등 부산물이 떨어져 썩고 썩어서 발이 푹푹 빠질 정도다. 이런 부산물이 썩어 거름이 되면 토양이 비옥하여 나무들은 잘 자라지만 산불이 발생되면 확산하여 대형 산불로 이어져 초동진화가 불가하다.

이제는 그나마 숲을 가꾸는 정책, 숲가꾸기사업을 정부에서 보조사업으로 추진하고 있으니 연료를 위하여 땔감을 채취하는 것은 호랑이 담배 피우던 시절의 일이란 생각이 난다.

기후변화에 대한 산림대책은 무엇인가

그 동안의 산림정책은 나무를 심고, 가꾸기 그리고 각종 병충해 예방과 구제, 산불발생에 따른 진화 등이다. 그렇게 해서 애지중지 기른 나무들은 무럭무럭 잘 자라고 있지만 지구온난화로 고온 다습한 날씨가 지속되어 각종 병충해의 개체수가 급격히 증가하여 모든 나무가 각종 산림 병충해로 인하여 곤혹을 치루면서 성장하고 있다.

1970년 중반에 발생된 주요 병해충은 소나무 솔잎혹파리로써 유충이 솔잎 기부에 벌레혹을 형성하고 그 속에서 수액을 빨아먹어 솔잎이 말라죽는 병이다. 구제방법은 수간주사나 토양살충제를 살포해야 한다. 속성수인 가로수에 잘 발생하는 미국흰불나방이나 유실수의 밤나무 어스랭이 나방은 살충제인 약봉지 표지에 옥수수가 그려진 디프테렉스를 사용하여 병충해를 박멸하였다.

1988년도에는 재선충병이 부산 금정구에서 처음 발생된 후 급속도로 확산되어 지금은 전국에 퍼지고 있다. 잣나무와 소나무에 생기는 재선충병의 매개충은 솔수염하늘소다. 이 솔수염하늘소는 길이가 1mm정도 되는 선충을 10만 마리 이상 달고 다니는데, 5월경 소나무류에 새로운 잎이 나오면 갉아 먹을 때 생긴 상처로 선충이 줄기 속으로 들어가 가도관을 막아 시름시름 앓다 죽는 병으로써 발생된 나무는 100% 죽게 된다. 방법은 단 한 가지뿐, 모두 베어 파쇄 후 폐기물로 처리해야 한다.

또한 잣나무에 종실해충인 솔알락명나방, 잎을 식해하는 잣나무넓적잎벌레는 산림청 헬기를 이용하여 항공방제를 실시하고 있으나 효과 면에서는 일부분에 불과하다.

일본잎갈나무라 불리는 낙엽송에는 잎떨림병, 리기다소나무는 푸사리움 가지마름병, 천연림으로 우량한 참나무는 시드름병이 만연되어 시들면서 죽어가고 있다. 그 병은 뚜렷한 치료약이 없어 끈끈이를 나무에 둘러 매개충인 광릉 긴나무좀이 나무 안에 못 들어가게 하는 방법밖에 없다고 한다. 증상이 심하면 베어내야 한다니 수십 년씩 기른 나무를 베어낸다는 것은 정말로 안타까운 일이다.

최근에는 잣 생산을 방해하는 소나무허리노린재가 처음으로 발생되었다고 한다. 허리노린재는 종자 형성기에 잣 종실 수액을 흡즙하여 종자 형성을 억제하는 해충이다. 방제로 농약이 아닌 유기농업자재를 사용하여 친환경 임산물의 경쟁력제고를 위해 힘쓸 방침이라 하니 불행 중 다행이라 하겠다.

그동안 나무를 심고 잘 가꾸고 병충해 방제를 철저히 함으로써 목재로서의 이용 가치뿐만 아니라 임산물 수확으로 임업인들의 삶의 질이 향상되고 있다. 그러나 예기치 못한 병충해, 산불, 산사태, 난개발 등 산림관련 재해로 한순간에 산림자원이 소실될 뿐 아니라 탄소흡수원이 감소하고 있는 실정이다.

우리가 자동차 연료나 가정의 난방, 공장의 가동 등으로 발생시키는 탄소의 유일한 흡수원은 산림이다. 산림을 효율적으로 보존하려는 관리계획이 필요하다. 이것이 이행되지 않으면 여름철 평균기온이 상승하는 등 기후변화로 인한 폭염, 폭우, 폭풍 등이 가속화돼 삶의 환경이 나빠질 거라는 예측이다.

탄소흡수 분야에서는 토질에 적합한 조림 수종과 극성을 부리는 병충해에 강한 수종을 개발하고 숲가꾸기를 통한 탄소흡수량 증진방안을 모색하여 효과적인 방안으로 대처해야 하는데 아직도 미완성이다.

화전(火田)을 정리하며

화전은 산에 불을 지펴 시초와 잡목을 태운 뒤 농작물을 심어 거두는 형태로 산림녹화 및 토지보존의 중요성 때문에 1968년에 화전정리법이 공포되면서 1970년대 초반에 산림정책에 의거 산림 내에서 거주하는 화전민에게는 가구당 40만원씩 이주비를 지급하여 타지로 이주시켰다. 또한 현지에 농경지 확보가 가능한 화전민에게는 가구당 20만원씩 가옥 건축비를 지급해 근처 마을에 정착시켰다.

산지는 경사 20도 이하는 관광지나 고속도로면, 저주지 주변을 제외하고는 농경지로 바꾸고 그 이상은 현사시나무 등 속성수로 조림을 하여 산림으로 복구하였다. 그리고 농경지와 조림지 경계에는 아카시나무나 족제비싸리로 벨트조림을 한 후 각 읍면에서 일정 간격의 선을 그은 후에 그 위에 돌을 놓고 흰색 페인트로 칠하여 산림으로 보호하였다.

관내에 화전 경작지가 많았던 지역은 청산면(현 신북면) 갈월리, 삼정리, 덕둔리, 금동리와 창수면 운산리, 고소성리, 그리고

일동면 화대리, 기산리와 이동면의 장암리, 도평리, 영북면에는 산정, 대회산, 소회산리 등이 있다

당시 그 지역이 급경사 지역인 데도 어려운 여건 속에서 현장에서 복구조림을 하고 화전 없는 읍·면 관리도를 작성하여 화전 업무를 마무리 하느라 불철주야 땀을 흘렸던 청산면(현 신북면) 봉성종(奉成鍾), 창수면 송정의(宋正義), 일동면 양윤삼(楊潤三), 이동면 구성회(具成會), 영북면 김정권(金正權) 담당 주무관에게 수고했다는 말을 전한다.

1970년도 이전에 화전경작으로 황폐화된 임야는 지금은 어떠한가? 그때 흘린 땀의 결과로 이제는 산림이 완전히 녹화되어 후손들에게 값진 선물로 물려줄 수 있는 아름다운 강산이 되었다. 산림녹화를 담당했던 한 사람으로 가슴 뿌듯함을 느낀다.

채석장 관리의 이모저모

포천시는 임야가 토지전체 면적에 비하여 66%나 된다. 임야를 총괄하는 일꾼으로서 할 일이 많이 있지만 자연경관과 연결되는 채석장을 말해볼까 한다. 채석장은 43번국도변을 중심으로 좌우 가시권에 있다. 채석장은 보는 이로 하여금 자연경관 저해로 모든 사람에게 눈살을 찌푸리게 하는 애물단지다.

당시 포천군의 채석장은 38개소 전북 익산군 다음으로 많은 군이었다. 물론 산림 내에 유일한 자원인 석재, 나무 등이 지역경제에 많은 도움을 주기도 하고 자원의 수입으로 자라나는 학생들의 장학기금으로 운영되는 사례도 있다. 그렇지만 채석장주변 인가에서 채석작업으로 인한 소음, 진동, 비산먼지 등으로 고통을 느끼고 있어 반대하는 여론이 많은 실정이다.

특히 창수면과 영중면 지역의 채석장은 집단화되었다. 창수면 지역에 연장허가 신청이 있었다. 그 지역은 매장량이 없어 연기허가대상이 아니고 원상복구 대상이었다. 신청인 J 씨의 부인은 "수십 년 전부터 작업해온 채석장인데 왜 연기를 안 해주느냐?"

고 매일같이 사무실에 와서 욕설과 행패를 부린다. 심지어는 본인이 신고 온 냄새 나는 뾰족구두까지 내 책상 위에 올려놓고 허가를 안 해주면 못 가겠다고 심술을 부리면 알아듣게 설명하여 보낸다. 그러면 울면서 사무실을 나가는 뒷모습을 보노라니 마음이 아팠지만 동정심에 봐줄 수는 없는 노릇이고, 아닌 건 아니라 말해주는 것이 그들에게나 주민들에게 모두 이익이 된다는 것이 나의 생각이다.

영중면 일원에 채석장 허가신청이 있었다. 신청지는 주변에 채석장이 있는 곳으로 민원발생이 있어 서너 차례 허가 신청을 했다가 취하된 것으로 알고 있다.

박남중(朴南仲) 주사와 현장을 확인한 후 '채석작업으로 인하여 비산, 먼지 등으로 집단민원 발생, 자연환경 저해로 중대한 공익상 필요하다는 사유'를 들어 불허가로 처리했다. 그리고 허가처분에 불복이 있을 시에는 상급기관에 행정심판청구 또는 행정소송을 할 수 있도록 고지하여 종결했다. 향후에 소송이 제기되면 처분청의 결정에 따르면 되는 것이므로 보완이나 보정은 있어도 부득이한 경우 이외에는 취하는 없어야 한다

화현면 일원에도 채석허가 신청이 있었다. 신청인은 관외 사람이고 허가를 내어주겠다고 브로커 역할을 하는 사람은 관내 사람인 Y씨다. Y씨는 매일까지 사무실에 와서 채석허가를 내달라고 언성을 높이며 쌍욕을 한다. 그리고 조그마한 수첩을 보여주면서 "공무원들이 업자와 언제 어디서 밥 먹고 술 마시고 돈 받

은 것이 내 수첩에 있으니 사법기관에 고발하면 너희들은 다 죽는다."는 식으로 엄포를 놓는다. Y씨는 민원인의 자격도 없는 사람인데 불상식한 행동에 대하여 어떻게 해야 만이 될지 곰곰이 생각하고 있다가 한번은 소파에 앉아 대면하며 조용히 말을 건넸다.

'민원인도 아닌데 민원인의 행세를 하려면 민원인의 인감을 첨부한 위임장을 가져오시고 그 수첩에 무슨 내용이 있는지 A4용지와 볼펜을 주면서 하나도 빠짐없이 적어서 사무실로 가지고 오라.'고 하였더니 슬그머니 사무실을 나간 후 그 이후에는 나타나지 않았다.

산림이란 개발을 하자니 보존이 울고 보존을 하자니 개발이 우는 양면성이 있다. 그러나 어느 한곳에만 치중할 수 없는 일이므로 원칙을 중시해야 한다. 법적 제도적 장치를 이용하여 우선 채석장을 정리하는 것이 급선무다. 채석장 허가기간이 기간만료가 되면 매장량을 시추한 확인서를 검토하여 재빨리 연장허가와 허가취소를 결정해야 한다. 그리고 허가취소가 결정되면 취소대상지는 원상복구를 해야 한다.

원상복구는 지역여건상 절개지 부분에 대하여는 문제점이 없지만 화강석과 화강토를 생산하는 과정에서 수십여 미터 지하로 파들어 간 곳에 대해서는 대안을 강구해야 하는 것이 숙제가 되었다.

평소 산림분야에 대하여 관심이 많아 제안을 하여 새로운 사업을 추진한 경험이 풍부한 이상근(李相根) 주무관은 세월이 흘러 지하로 들어간 채석장에 대하여 폐채석장을 문화재생 공간으로 활용하는 제안을 했다. 그곳이 바로 신북면 기지리에 있는 포천아트벨리다. 기암절벽으로 이루어진 수심 25미터가 되는 천주호(天柱湖)는 바닥이 화강토라 햇빛이 반사되어 물빛이 에메랄드 빛깔인데다, 1급수로서 도롱뇽, 가재, 버들치가 서식하고 있어 이제는 각광받는 포천의 관광지로 자리매김하고 있다.

1990년대 채석장으로써 더 이상 기능이 없어 지하부분을 원상복구를 하였다면 지금의 문화재생 시설 공간을 볼 수 있었을까?

산림의 형질변경 불허가에 따른 고통

산림의 형질변경 허가는 30여 개의 실낱같은 법을 통과해야만 가능하다고 한다. 그런 어려운 과정을 견디며 서류를 내 불허가 처분을 받은 민원인의 마음은 어떨까?

영북면 산정리에 청소년수련장 목적의 형질변경 신청이 있었다. 그리고 며칠이 지난 후에 민원인이 전화상으로 문의를 해왔다. 내가 관련 법규상 저촉되어 불가하다고 하니까 사무실로 찾아와 "내가 다 죽어가는 환자인데 마지막으로 허가를 받아서 자식에게 물려주려고 하니 재고해 달라."는 청이다.

그러나 민원인의 입장은 안타깝지만 법규행정을 집행하는 공인으로서는 어쩔 수 없는 노릇이었다. 그런 후에 그가 또 다시 조그마한 물병을 들고 사무실에 왔다. 그것이 무엇이냐고 물으니 "내가 간에 복수가 차서 병원에서 뺀 복수를 가져왔다."고 하면서 "책상 위에 뿌리고 죽겠다."는 것이다.

참으로 황당한 일이었다. 그래도 큰 소리 내지 않고 객관적으로 설득한 후 이해시키면서 조용히 돌려보냈던 일이 있다.

또 한 번은 영중면 낚시터 부근의 형질변경 신청이 있었다. 담당자인 원현희 주무관과 현장을 확인한 후, 해당 법규에 의거 허가요건에 맞지 않는다고 현장에서 신청인에게 상세히 설명하니, 민원인은 즉석에서 담당자에게 쌍욕을 하면서 "이런 식으로 하면 좋지 않다."라며 엄포를 놓았다.

옆에서 함께 들었던 나는 민망하였지만 같이 욕을 할 수도 없는 상황이라 분함을 억누르고 돌아와야 했다. 담당자의 속마음이 얼마나 상했는지 알만하다. 민원인은 일반 농사꾼이 아니라 OO면에서 주민의 대표라고 선출된 L 모 의원이다.

내가 요구하는 것이 충족되지 않는다고 이런 방법으로 해야 하는지? 사람이라면 누구나 일시적인 충동에 의해 행동하는 것이라 생각하고 혼자서 분을 삼키면서 다음에 일어날 일을 생각해본다.

산림의 형질변경 신청에 따른 제반서류는 관련 법규상 측량업체에서 대행 작성하여 접수한다. 서류상 하자가 있을 시에는 보완, 또는 보정을 요구하고 현장에서 허가대상이 저촉될 시에는 불허가 처분을 한다. 불허가 시에는 민원인이 오는 경우가 있지만 측량업체에서 찾아오는데 불허가에 불만을 품은 업체에서는 담당자와 언성을 높여가면서 몸싸움까지 하는 경우도 있다. 한번은 P 측량업체 대표라는 A씨가 담당자인 P주사의 뺨을 때렸다. 무슨 영문인지 모르지만 대형사고가 벌어진 것이다.

아마도 민원인에게 측량 비용을 받았는데 허가가 나지 않자

하지 말아야 할 못된 짓을 한 것이라 생각된다. 공무집행방해죄로 사법기간에 고발코자 하였는데 사과를 하여 넘어갔지만 허가를 해주지 않으면 이런 불미스런 일이 비일비재하다. 관련법규에 의거 행정을 하는 공무원들은 고통스럽고 힘든 상황에서 일하고 있음을 알아주었으면 하는 바램이다.

대통령이 하사한 포플러 장학금

1968년 봄, 박정희 대통령이 우리 포천군에 이태리포플러 묘목 1만 본을 하사하였다. 그 당시에 김철주(金喆柱) 농림과장을 비롯한 산림공무원 지도 하에 해당 면의 부락주민들이 참여하여, 창수면 오가리 하천변과 영중면 성동리부터 영평리까지 37번 국도변 약 75,000평에 식재하였다.

나는 1976년도에 대통령 하사 포플러 관리업무를 하였는데 식재본수 중 고사목, 병충해목, 도복목을 수시로 파악한 후 현장에 잔존 본수를 사후관리대장에 기록했다. 생립된 본수를 파악하는 데는 많은 어려움이 따랐다. 공활한 면적에 심어져 있는 나무 숫자를 파악한다는 것은 혼선이 따랐기 때문에 한 본 한 본씩 파악할 때마다 나무 옆에 고깔을 갖다 놓으면서 잔존본수를 파악했다.

그 후에 자연적으로 발생되는 병충해 피해목, 우기 시 태풍으로 인하여 도복될 우려가 있으면 포플러 목상(木商)이 하사포플러 단지에 기계톱을 들고 대기하고 있다가 나무가 쓰러지면 벌채를 하여 정리를 하고, 원목은 매각하여 포천군의 세입으로 처리했다.

드디어 1982년도에는 대통령 하사 이태리포플러가 수령 15년의 벌기령이 되어 매각하게 되었다. 매각 전에 포플러의 흉경과 수고를 측정, 임목조사를 하여 재적을 산출한다. 그 후 예상가격을 사정한 후 입찰공고 냈다. 입찰은 창수면 회의실에서 하였는데 전국에 있는 목상들이 입찰에 참여한바 있다. 낙찰금액은 1억 6백만 원이었다.

실로 엄청난 금액이라고 입찰 장소에서 많은 참여자들이 환호성을 쳤다. 매각금액은 창수면과 영중면에 매각된 본수에 따라 배분했다. 해당 면에서는 매각수입으로 1983년도에 포플러장학회 정관을 제정하여 자라나는 학생들에게 지급하는 것이다. 포플러장학금은 면민의 교육발전과 인재양성을 목적으로 장학금을 원금과 이자액으로 지급하고 있다. 창수면에는 1983부터 2012년까지 관내 중, 고, 대학생 총 1,312명에게 3억1,300만 원이 지급되었다고 한다.

박정희 대통령께서 하사한 포플러나무를 심고 가꿔온 관계 공무원과 지역주민들의 피땀의 결과인 포플러 매각대금으로 21세기의 포천의 주인인 자라나는 학생들이 장학금을 받고 있는 것은 산림자원이 이렇게 인간에게 이롭고 큰 도움을 준다. 선뜻 낙후된 우리 포천시에 이태리포플러 묘목 1만 본을 보내주신 박정희 대통령께 이 자리를 빌어 감사드린다.

석재사업가의 장학금 출연

영중면과 창수면 일원에 채석장은 관내에서 집단화된 곳으로서 민원발생도 있었지만, 포천의 석재가 전국에서도 양이나 질면에서 각광받는 건축재로 통했다.

포천-운천 방향 국도43번을 중심으로 우측에 생산되는 석재는 매장량이 별로 없으며 좌측에 생산되는 석재는 매장량이 많아 대형공사 물량 공급에도 차질이 없었다고 한다.

그러나 채석장에서 매장량이란 어느 누구도 예측할 수가 없다. 물론 허가 및 연기 신청 시에는 채석매장량을 시추한 확인서를 첨부하지만, 현장작업 과정에서는 예측할 수 없는 일이 발생하기 때문이다. 양질의 화강석에 푸석한 돌이 있거나 점박이가 있으면 상품적 가치가 없다.

석재사업만을 고집하면서 외길 인생을 걸어온 고 동천 강수동(姜秀東) 사업가는 2003년도에 어려운 학생들에게 도움을 줄 수 있도록 사비 10억 원을 출연해 포천지역 사회에 헌신할 수 있는 인재양성을 목표로 (재)교육재단인 포천시 동천장학회를 설립하여 2004년부터 2020년까지 780여 명에게 총 6억 원을 지급했다고 하니 정말로 감사한 일이다.

수십 년 간 늘 변함없는 표정으로 역경을 이겨내고 오로지 석산을 지켜오며 우리 지역의 교육과 문화예술을 위해 헌신하신 동천 강수동 선생의 업적을 되돌아보고 고인의 참뜻을 생각해 볼 수 있는 계기가 되었으면 좋겠다. 강수동 어른의 영전에 포천인의 한 사람으로 존경과 감사의 인사를 올린다.

친구야 정말 미안하다

1999년 10월 경에 초등학교 동창인 박봉식(朴奉植) 친구가 집으로 찾아왔다. 부탁이 있다는 것이다. "무엇이냐"고 물으니 "동창 친구가 화현면에 있는 운악산에서 암자를 설치하고 기도를 하고 있는데 불법이라며 관에서 철거하라는 통지를 받았다."고 했다. 그러니 "어떻게 해야 하는지 협조를 구하러 왔다."고 했다.

나는 "그 시설물이 불법이라 법적으로 철거하여 원상복구를 해야 한다."고 했다. 이에 그 친구는 "그럼 암자의 이전 장소를 마련할 때까지 철거하는 기일이라도 연기를 해주었으면 좋겠다." 고 하는 것이었다. 이에 나는 "그러면 기일을 연기하여 줄 테니 정한 기일 안에 꼭 철거를 해야 한다."고 답을 주어 보냈다.

약속한 기일이 지난 후 나는 철거반을 동원하여 현장에 가서 철거 작업을 진행했다. 친구는 암자 건물에서 나왔지만 얼굴을 마주치기가 쑥스러운지 다시 암자로 들어갔다. 나 역시 아무런 한마디 이야기도 하지 않은 채 무사히 철거를 마쳤다.

지금까지 그 친구가 연락이 없는 것을 보니 많이 서운했나 보다. 나는 속으로 늘 미안한 생각이 들었다. 그때 일은 공무로 어쩔 수 없었다는 것을 이해해줄 수 있었으면 좋겠다. 공무원이란 불법이라면 누구든지 예외가 없다. 친구나 친지 등 가까운 사람들의 사정도 봐주지 않고 집행하는 사람이다. 그것이 정의고 그런 정의에 의해 밝은 사회가 건설된다는 것이 나의 소신이자 철학이었다.

인사발령으로 황당한 일을 겪다

1977년 봄에 일이다. 나무 심는 기간은 시기를 다투는 철이라 아침 일찍 출근하고 저녁 늦게 퇴근을 한다. 산에 심을 나무를 산주에게 배송하여 제 시기에 심토록 해야 하기 때문이다. 늦은 밤까지 사무실에서 일을 하고 있는데 묘목 검수관계로 L 산림과장과 나와 공무원시험 동기인 서용남(徐勇男) 직원 간의 고성이 오갔다.

밤늦게 사무실에 불이 켜져 있어 지나가는 길에 그 장면을 K 군수가 사무실 유리창을 열고 목격한 것이다. 그리고 한참 후에 사무실에 들어오더니 하는 말씀이 "참 너 누군지 똑똑하구나."하면서 나가기에 우리는 별 것 아닌 것으로 알고 있었다. 그런데 다음 날 관련 직원은 OO면으로 전보 발령이 났다.

직원은 발령장을 찢어버린 후 사표를 내어 사표가 수리되었다. 그 직원은 나와 공무원시험 동기로 매우 안타까웠다. 물론 동기에 대하여는 왜 그랬는지 알 수는 없지만 근무한지가 얼마 되지 않아 직장의 상하관계를 잘 몰라서 그랬는지? 자기주장을 강하게 피력하려고 순간적으로 폭발했는지 알 수는 없다. 인사권자가 조그만 참고 배려하였다면 그 직원은 어떻게 되었을까 하는 아쉬움이 든다.

그 후 1984년 5월에 산림부서에 근무할 당시에 동두천에서 목욕탕을 운영한다는 이천복(李天馥)이라는 사람이 찾아왔다. 초면의 민원인이었다. 신북면 덕둔리에 있는 민OO 소유 임야 내에서 참나무 벌채를 하여 목욕탕에 화목으로 사용하겠다고 하길래 산림과에서 임목벌채 허가를 받아서 하라고 했다.

그 후에 허가를 받고 작업하는 과정에서 허가수량보다 더 많은 양의 나무가 베어졌다고 연합통신 기자와 벌목업자 간의 이견으로 말다툼이 일어났다.

벌목현장에서 모르는 사람이 사진을 찍고 있어 벌목업자가 "당신이 누구인데 내가 벌채하는 현장 사진을 찍느냐?"고 하였더니 "나는 기자다."라고 했다. 그 말에 벌목업자는 "기자면 깃발을 달고 지프차를 타고 나에게 알린 후 정식으로 취재를 하라."고 하였다고 한다.

연합통신 기자가 차에 깃발을 달고 와서 취재를 한 후 중앙지 1면 톱기사로 신북면 덕둔리 무단 벌채 관련 사건이 보도되었다. 서울지검 의정부지청 1호실 최 모 검사로부터 벌목현장과 사무실 압수수색이 이루어진 후 벌목업자는 체포되어 구속 수감되고 관련자는 모두 조사를 받았다.

그 결과 관련 공무원들은 문책을 받고 전혀 관계가 없는 나에게도 화살을 돌리려고 하는 것을 확인해보니, 조사하는 담당부서에서 근거 없이 추측으로 윗선에 보고를 한 것이 파장이 되었다.

그 당시에 Y 내무과장에게 잘못했으면 문책을 하지 전보를 하는 사유가 뭔지 항의 하였더니 묵묵부답이었다. 며칠 후에 신북면으로 발령이 났다. 담당직원의 사실과 부합되는 보고가 아쉬웠다. 공무원 목숨은 파리 목숨, 정확한 이유가 아님에도 발령이 나는 경우가 비일비재하다. 그럼에도 견디는 자만이 정년퇴임을 할 수 있고 아니꼬운 사람은 사직할 수밖에 없는 상황이니, 속으로만 삭히는 공무원들의 마음을 알아주었으면 좋겠다.

사건담당 검사의 횡포

산림과는 특별사법 경찰관으로서 사법경찰관리 직무범위에 관한 법률에 의거 서울지방검찰청 검사장으로부터 사법경찰관리 지명서를 받아 사건처리 전에 담당검사의 지휘를 받는다.

1988년 5월에 산림사범 사건이 있어 사건지휘 품신을 서울지검 의정부지청에 접수했다. 사건지휘 담당은 윤 아무개 검사다. 품신 내용은 신병지휘(구속, 불구속)로 재지휘를 받으라는 것이었다. 사유가 무엇인지 몰라서 담당검사에게 지휘서류를 보이면서 문의했더니 내가 작성한 지휘품신 서류를 잡아떼고 찢었다,

"왜 그러느냐?"고 했더니 손바닥으로 내 가슴을 밀치면서 고함을 지르며 가라는 것이다. 무슨 영문도 모르고 나오는 길에 안면이 있는 사건계 직원에게 넋두리 삼아 이야기를 했더니 돌아온 답은 "검사만 알뿐, 그 속은 아무도 모른다."고 했다.

그 시절에는 정권이 교체되어 공무원 사정 바람이 불었을 때다. 검사는 행정 공무원에게는 그때나 지금이나 서슬이 시퍼랬다. 산림사범 사건은 사건지휘 품신을 받아서 송치해야 한다. 그

래서 사건에 관한 일건서류를 몇 번이고 보고 또 본 후에 잘못된 부분이 없을 시에 의정부 지청에 오전에 접수를 하면 오후에는 혹시 작성한 서류에 오류가 있나 하고 마음 조아리면서 기다렸던 일이 종종 있다.

죄를 짓지도 않고 검사의 보조역할을 하는 공무원에게 그 검사는 왜 나에게 폭거를 했을까? 지금도 의문이 풀리지 않는다. 검찰개혁이 이루어진다면 이런 일이 없어져야 한다.

산림사범 피의자의 처리

임야 내에는 불법 행위가 여기저기서 발생된다. 유형은 도남벌(盜濫伐), 불법 산형질변경 등으로써 그 동기는 허가를 득한 후에 경계를 침범하는 등 고의적으로 불법행위를 하는 사례가 있다. 원인은 임목벌채 같은 경우는 1970년 중반에는 낙엽송[11] 족장목이 말구 1치5푼(4.5Cm) 길이가 24자(7,2m)짜리 1본의 가격이 5,000원을 호가하였다.

돈의 욕심이 생겨 나무를 무단으로 베다가 관계직원에게 적발되거나 주민들로 부터 신고가 되면 범죄인지보고서를 접수한 후 현지에 출장하여 사진촬영, 불법 본수 등을 확인하여 실황조사서를 작성하고 행위자를 소환하여 피의자 신문조서를 작성한 후 서울지검 의정부지청 사건 담당검사에게 사건지휘 품신(신병지휘 구속, 불구속 등)을 받은 후 송치한다.

중대한 산림사범 사건에 대하여는 피의자를 구속하는 사례가 있다. 경합법이 아닌 단순한 산림법위반 사건은 경찰서에서 처리

11) 낙엽송 : 건축물 아시바 용으로 많이 심었으나 후에 쇠파이프가 나와 용도가 줄어들었다.

하지 않고 산림부서의 사법경찰관의 몫이다.

1992년 3월 경에 신북면 삼성당리에 불법으로 산림을 훼손한다는 주민의 신고가 있었다. 현장에 가서 조사한 후 피의자의 사건지휘품신을 서울지검 의정부지청에 신청하였는바 구속영장을 청구하라는 검사의 지휘가 있었다. 피의자는 OO조합장을 역임했던 K씨로 사건내용에 대하여 H 군수에게 보고한 후 구속영장을 청구했지만 기각되어 불구속으로 사건을 송치한 바 있다.

같은 해 포천읍 자작리 일원에 남양주에 거주하는 가구단지 조합장 김OO가 불법으로 산을 훼손한다는 주민신고가 있어 현장을 조사 후 의정부지청 사건담당 검사에게 사건지휘 품신을 신청하였다. 그랬더니 의정부지청에서는 불법면적이 5,000㎡가 넘는다는 사유로 특정범죄 가중처벌법 위반으로 구속영장을 청구하라는 지휘다. 영장을 청구하려면 신병을 확보한 후에 해야 하는데 피의자는 도주했는지 보이지 않는다.

황당해서 밤중에 갈만한 곳을 모두 다니면서 찾아보았지만 없었다. "이거 큰일 났구나."하면서 속이 타는 마음으로 직원들을 동원하여 피의자가 거주하고 있는 남양주로 찾아갔는데 다행히 집에 있어서 한숨을 돌리면서 사건을 마무리 하였다.

1992년 가을에는 영중면 금주리 일원에 불법 산림형질변경을 한다고 OO교회로 부터 진정민원이 제출되었다. S 담당자가 사건을 처리코자 하였으나 동일 민원이 서울지검 의정부지청에도 접수가 되어 사건 관련서류 일체를 담당검사에게 제출하였다.

그 후에 수사과정에서 검사의 지휘가 있었다. 불법지에서 돌을 채취하게 된 경위를 조사하라는 지시로서 매사에 빈틈없는 손영길(孫永吉) 담당자는 현지 확인 후 원래 있었던 돌을 채취하여 사건 당사자 소유의 토지에 복구용으로 사용했다고 보고서를 제출한 것이다.

그러자 피의자는 주민을 대표하는 의원으로서 본인이 저지른 의견과 맞지 않는다고 본인에게 여러 사람이 보는 앞에서 쌍욕과 유치스런 행동을 한 것에 대하여는 분통이 터지고 역겨웠지만 참았다. 그래도 담당자가 외압에 흔들리지 않고 사실대로 조사하여 보고한 것은 담당자로서의 할 일을 했다고 마음속으로 흐뭇했다.

위와 같이 행위자는 사회적 지위를 이용하여 불법을 저지르고도 반성을 못하고 오히려 압력을 행사하여 저지른 죄를 벗어나고자 공직자를 억누르는 행위는 향후에는 없어져서 공정한 사회가 이루어 질수 있도록 기대한다.

그래도 공직자는 피의자에 대하여 법이 허용되는 범위에서 관대하게 처벌해 달라는 의견서를 작성하여 송치한 일도 있다. 공사(公私)를 구분하지 못했다고 힐난할는지는 모르겠지만 사람이라면 응당 누구나 가지고 있는 정이 있지 아니한가.

무슨 일이든 외압에 흔들리지 않으려고 처음에는 서툴러서 두렵고 겁이 났지만 계속하다 보니 익숙해져 두렵지 않았다. 그 후에는 내가 작성한 사법관련 일체 서류가 복사가 되어 산림청 소속 산림교육원에서 사법실무 교재로 자리 잡기도 했다.

국가소송을 수행하면서

산림청소관 국유림 관리업무를 담당하는 중에 소송이 제기되었다. 소송업무는 국가를 당사자로 하는 소송에 관한 법률에 의거 국가를 상대로 한 소송은 법무부장관이 국가를 대표한다.

법무부장관은 소송담당 검사를 지정하여 국가소송을 수행하게 할 수 있으며 행정청이 소관 또는 감독하는 사무에 관한 국가소송에서 필요할 때에는 행정청의 직원을 소송수행자로 지정할 수 있다.

1989년에 국가소송이 있어 나는 소송수행자로 지정되어 수행했다. 내용은 국유림 확대계획에 의하여 국유림의 관리청인 산림청의 지시로 소유자 미복구 임야(무주부동산)는 6개월 이상 군 게시판에 공고하여 임야 소유자가 그 기간 내에 신고하지 않을 시에는 국가소유로 보존등기를 하라는 것이다.

국가소유로 등기를 필한 후에 등기를 필한 것을 알게 된 연고권자가 국가를 상대로 소송을 제기하면 행정청에서는 준비서면을 작성하고 소송에 참여해야 한다.

소송의 승패소는 대상임야가 1921년(대정 10년) 토지조사부에 최초 사정자에 의하여 가름된다. 최초 사정자가 원고의 친족관계라고 입증만 되면 승소한다는 대법원 판례가 있기 때문이다.

소송자료를 주로 활용했던 서류는 토지조사부와 산주등록대장이 있었으나 산주등록대장은 관련부서에서 공부(公簿)가 아닌 참고로 활용했던 임의적으로 작성된 서류라 법정에서 인정하지 않아 효력이 없고 토지조사부는 인정됐다. 그 당시에는 민원실 지적계에서 관장하다가 현재는 국가기록원으로 이관된 것으로 알고 있다.

1990년 초에 국가소송을 수행한 사례를 보면 포천군 군내면 직두리 산75번지 면적(17,653m2) 원고는 평강채씨 충헌공파 포천종중 대표 채희영과 피고는 국가소송수행자인 본인이다.

준비서면을 작성하는 과정에서 피고는 소유자 미복구 임야라고 공고하여 6개월의 기간 내에 소유자가 없다는 사유로 국유림(관리청 산림청)으로 등기를 필하였다.

원고는 토지조사부에 최초 사정자가 채OO로 등재되어 그 친족임을 증명하는 서류를 제출하여 소송을 진행한바 피고가 서울지법에서 소송에 패했다.

소송에 패하면 소송수행자는 서울지방검찰청 송무담당 검사에게 소송지휘(항소, 항소포기)를 받아야 하므로 본 건은 토지조사부상 최초 사정자가 원고 측의 친족임이 확실하여 더 이상 다툼의 소지가 없고 항소하여도 승소할 가망이 없어 항소포기 의견으로 송무담당 검사에게 제출하여 소송이 종결된 바 있다.

국가에서 소유자 미복구 임야는 공고기간을 1차, 2차, 3차까지 충분히 주어서 토지주인을 찾아주어야 하는데 한시적으로 6개월이라는 짧은 기간을 정하여 임야 연고권자가 그 기간 내에 신고를 하지 않았다는 사유로 국가(관리청 산림청)가 소유권 보존등기를 필한 것에 대하여는 소송수행자로서 행정력 낭비요, 국가가 국민을 무시하는 행정으로 개선되어야 한다.

국유림 교환으로 취득한 청성공원 부지

군내면 하성북리에 소재한 청성공원은 1994년 9월에 반월산 기슭에 조성하였다. 부지면적은 약 120,000㎡(약 36,000평)으로 거의 산림청 소관 국유림이고 일부는 사유지였다.

청성공원은 조성계획 단계서부터 부지 확보에 많은 어려움이 있었다. 사유지는 재원을 확보하여 토지보상을 하면 되는데 국유지는 재원을 확보를 한다 해도 관리청(산림청)에서 승낙하지 않으면 매입이 불가하다.

이런 상황에서 환지(換地)라는 묘수를 짜냈다. 교환으로 취득하는 것이다. 교환조건은 주고자 하는 토지가 산림청 소관 국유림 인근에 있는 토지로서 감정원에서 실시한 감정가격과 인근유사지 매매가격을 합한 평균가격(일방의 가격)이 타방의 가격에 3/4 범위 안에 들어가야만 가능하다.

공원부지 조성계획에 포함된 산림청 소관국유림과 시에서 소유하고 있는 시유림과 교환을 추진하여 성사가 되었다. 교환으로 부지를 확보하여 청성공원을 조성하게 된 것이다.

청성공원 내에는 6.25전쟁 참전용사를 위로하기 위한 충혼탑이 있고 산 정상에는 삼국시대에 축조된 반월성지가 있다, 본 성지는 궁예가 축성하였다고 전해지고 있으며 현재는 약 300m의 석축만 남아있다.

현재는 포천역사공원으로 명칭이 변경되어 도시테마 공원으로 급부상하여 문화재, 명승지 등을 많은 이용객이 찾아오는 것을 감안하면 현재 공원부지 인근에 있는 산림청 소관 국유림은 시유림과의 교환으로 취득하여 활용했으면 하는 바램이다.

산정호수 주변 형질변경 불허가에 따른 고민

1998년 10월에 영북면 산정리 상동주차장 주변 호수 끝자락에서 보이는 거리의 지역에 주택목적으로 산림의 형질변경 허가 신청이 있었다. 담당자인 박남중(朴南仲)과 현지를 확인한 바 토지임야로 호수와 인접한 곳으로 일반주택을 지을 경우 수질오염의 우려가 있으며 또한 호수의 만수위로부터 1km 이내에 위치하여 수원함양의 기능을 유지하고 있으므로 자연경관 보존 등 중대한 공익상 필요가 있어 불허가 처분으로 통지했다. 그리고 말미에는 본 행정처분에 이의가 있을 시에는 경기도지사에게 행정심판 또는 서울지법에 행정소송을 하도록 고지했다.

민원인은 처분에 불복하여 경기도지사에게 행정심판을 청구하여 담당자인 P주사는 답변서를 제출하고 변론기일에 출석하였다. 이에 처분청인 경기도에서는 우리 포천시의 손을 들어주었다. 그러자 민원인은 행정심판에 불복하여 다시 행정소송을 제기하였지만, 현장과 도면이 일치되지 않는다는 사유로 기각된 바 있다.

본 지역은 산림보호법상 제1종 수원함양 보안림으로 지정되어 관리했어야 되는데, 산 임야가 아니고 토지 임야라는 사유로 지정대상에서 누락되었다. 제1종 수원함양보안림으로 지정되어 관리 하였다면 공익임지로서 각종 개발행위 등이 제한되기에 불허가 처분하여 소송이 제기된다 하여도 법적으로 허가제한 근거가 있으므로 승소할 수 있는 사건이었다.

통상적으로 허가라는 개념은 관련법상 강제규정인 '허가해야 한다.'가 아니고 '허가할 수 있다.'라는 임의 규정을 유추하여 불허가처분을 결정한 것이다. 예를 들어 법과 규정에 적합하다고 공장 단지에 전원주택을 허가하고 전원주택 단지에 공장을 허가 해준다면 어떤 현상이 일어날까? 그래서 법규상 '할 수 있다.'라는 임의규정을 둔 것이다. 물론 허가를 처리함에 있어 재량권을 일탈하거나 남용하면 불법이므로 심도 있게 검토한 후 결정해야 한다.

그럼에도 민원인은 군수실을 비롯한 사무실에 매일 방문하여 허가를 해달라고 억지를 부렸다. 담당자는 말을 안했지만 그때의 심정이 '얼마나 괴로웠을까?' 미루어 짐작이 간다.

그 후, 내가 2001년 10월 경 내촌면장으로 근무할 때 이진호(李進鎬) 군수로부터 전화가 왔다. "박 면장 큰일 났네!" "무슨 일이 신데요?" "민원인 아무개가 내 사무실에 휘발유통을 가지고 들어와 '훼손허가를 안 해주면 휘발유를 사무실에 뿌리고 자폭하겠다.'고 하여 소방차를 대기시켜놓고 있으니 급히 오라."는 전화였다.

내가 처리했던 일이라 전화를 받고 허겁지겁 군수실에 도착하니 군수께서는 주택 한 동을 짓는 것으로 검토하겠다고 하면서 돌려보냈다고 했다.

민원인 입장에서는 산정호수 주변에 산림형질변경 허가를 받아 건축행위를 하려고 많은 돈을 투자하여 임야를 매입한 후 몇 년이 지나도 허가를 받지 못하는 심정은 이해가 가지만 담당자의 입장은 법규상 저촉 없으나 자연경관의 저해 요인이라는 사유로 불허가를 고수하였다.

아쉬운 것은 산림형질 변경허가 신청을 하여 불허가 처분할시 소송을 제기하여 그 결과에 따르면 되는 것인데, 민원인의 입장은 어떤 결과가 나올지 몰라 억지를 부린 것으로 생각된다.

그 이후에 산림부서에서 관장했던 업무가 허가부서로 이관됨에 따라 결국은 산정호수 주변은 개발되었다. 개발로 인하여 보는 이로 하여금 눈살을 찌푸리는 일이 없도록 관계 부서에서는 조속히 허가 목적대로 이행하여 관광명소인 산정호수 주변이 자연경관에 저해가 없도록 해야 한다.

산림과 업무를 총괄하면서

20대 초반부터 산림부서에서 일한 후 20여 년 만에 포천의 산림을 총괄하게 되었다. 관내 임야는 토지면적에 65%를 차지하고 있으며 그중 사유림이 약 66%다.

그동안 우리나라의 산림은 과거 일제강점기를 거쳐 6.25전쟁과 60년대 땔감과 도남벌로 인하여 황폐화 되었으나 70년대 이

▲ 산림과장 임용장 교부 시 이진호 군수와 함께(1999. 2. 공보실 제공)

후에는 치산녹화계획에 의거 알차고 강력하게 추진하기 위하여 농림부 소관이었던 산림청을 내무부로 이관하여 농림과 소관이었던 산림계가 과로 승격되었다. 그동안 산림계를 관장했던 농림과는 김철주(金喆柱) 과장이 역임하셨고 1970년도 초에 산림계(山林係) 부서가 과(課)로 승격되어 초대 과장에, 이건상(李建相), 그 후임에는 조원환(曺元煥), 김흥기(金興基), 임택준(林澤俊)), 이충한(李忠漢), 송기종(宋基鍾), 김상열(金相烈) 과장이 포천의 산림을 총괄하여 잘 이끌어왔는데 그 후임자로서 책임감은 무거웠다.

그동안 산림녹화는 성공했다. 80년대에 자원화 위주인 경제수 조림으로 식재된 나무들을 솎아베기(간벌) 등을 실시하여 임목성장을 촉진하고 각종 병충해와 산불로부터 산림보호에 주력하여 임업인의 경제적 이득을 도모했다. 이제부터는 건강한 숲을 만들어서 후손에게 물려주어야 한다.

산림 내에서 일어나는 개발과 보전은 법적으로 제도적인 장치는 있지만, 막상 현장에 접근하면 많은 문제점이 따르게 된다. 내가 소유하고 있는 사유림이라 할지라도 나무를 베거나 형질을 변경하려면 관의 허가를 받아야 한다. 국가는 산에 대한 재산세는 꼬박 받아가면서 산주들의 관리운영권은 너무나 많은 제한사항을 두고 있는 실정이다. 때문에 산주들로서는 국가에 대한 불만이 들끓고, 그런 소리를 들을 때마다 개발과 보전은 조화를 이루면서 무거운 마음으로 지혜롭게 대처해야만 한다.

왕방산에 표석을 세우다

포천시는 토지전체 면적에 비하여 임야가 65%나 되는 지역이다. 임야가 많은 지역으로는 경기도 내에서는 세 번째로 많다. 참고적으로 첫 번째는 가평군, 두 번째는 양평군이다.

포천시 포천읍에 위치한 왕방산은 해발 737.2m의 명산이다. 왕방산에는 세 가지의 유래가 전해오고 있다.

▲ 왕방산 표석 제막식(1999. 2)

"하나는 신라시대의 승려 도선국사가 왕산사를 창건하였을 때 신라 49대 헌강왕이 직접 내방하면서 붙여진 이름이라는 설이다.

도선국사는 왕방산 봉우리에 올라서 사방의 지세를 살피니 백두대간에서 시작하여 동쪽으로는 오봉산- 금강산 -향로봉으로 이어졌고 서쪽으로는 한북정맥이 백암산- 대성산- 백운산- 국사봉- 왕방산으로 용트림하면서 이어져 한강과 임진강 사이의 합수지점에 이르러 장명산이 한북정맥이 끝을 맺으며 그사이에 왕방산이 자리하고 있음을 살핀 후 손뼉을 탁 치면서 지덕을 모두 갖춘 곳이 왕방산임을 확인하고 이곳에 절을 세워야할 자리임을 확신하기에 이르러 왕산사를 창건하게 되었다고 하는데 그때 신라 49대 헌강왕이 방문하여 붙여진 이름이라는 설이다.

두 번째 유래로는 조선을 건국한 태조 이성계가 고려 말에 왜구를 무찌르고 혁혁한 공을 세우고 녹전으로 땅을 받아 그 가족 일가들이 거처했던 곳이 포천이었는데, 조선의 2대임금인 정종이나 3대 임금인 태종이 어린 시절 이곳 왕방산에서 놀았으니, 태조, 정조, 태종 세 임금이 방문한 산이라 해서 붙여진 이름이라고도 한다. 일설에 의하면 태조대왕이 아들에게 왕위를 물려주고 함흥으로 가서 나오지 않으므로 무학대사가 설득하여 모셔오는 도중 4째 아들 방간이 난을 일으켜 방원이 평정하는 두 번째 왕자의 난이 일어나자 이 사실을 접한 태조는 한양으로 향하던 발길을 돌려 왕산사 절에 들려 마음의 안정을 되찾고 가면서부터 왕산사라 불리게 되었고 산 이름도 왕방산이라 칭하게 되었다고 한다. 실제로 왕산사 중건 도중에 땅에 붙여있던 기와 조각들에서 용무늬 막새기와 왕산사 명문 및 빛살무늬가 새겨진 기왓장들이 다수 출토되어 왕이 내방했던 사실을 뒷받침해 주고 있다.

세 번째 설로는 고려 말 목은 이색이 세속을 떠나 이 산중에 들어와 삼신암이라는 암자를 짓고 은신했다 하여 국사봉(國師峰)이라 했는데 왕이 항상 목은을 생각하며 이 산을 바라보았다 하여 왕망산(王望山)이라 부른 것이 왕방산으로 변했다고도 한다."[12]

그러나 그렇게 왕이 여러 번 다녀갔지만 왕방산 정상에는 표석이 없었다. 한창수(韓昌洙) 포천읍장께서 표석을 만들었으니 정상까지 운반을 하여 달라는 협조요청이 있었다.

이에 1999년 2월에 헬기를 이용하여 표석을 왕방산 정상까지 운반하고 설치 후 제막식을 하였다.

지금도 가끔 왕방산을 올라가보면 그때 생각이 주마등처럼 스치며 가슴 뿌듯한 생각이 든다.

---

12) 출처 : 왕방산과 호병골의 지명유래에 대한 손진홍 강사, 작성자 통장 이한규의 블로그에서

면암 최익현 선생 동상 건립 장소 논란

면임 최익현 선생은 조선말기 대학자이시며 의병장으로 나라를 구하고자 살신성인(殺身成仁)하신 우리 고장 포천이 낳은 위정척사의 행동하는 거인이시다. 그동안 포천에는 면암 선생의 동상이 없었다. 동상의 조각은 전 동아대학교 김광우 교수께서 하셨고 건립은 면암최익현선생숭모사업회에서 추진하는 것이다.

1999년 11월 청성공원(현 청성역사공원)을 관리하던 산림과장 재임 시에 면암최익현선생숭모사업회에서 군내면 하성북리 소재 청성공원에 면암 선생의 동상을 건립하고자 하오니 장소를 선정하여 달라는 협조가 있어 이진호(李進鎬) 군수와 이효종(李曉鍾) 면암최익현선생숭모사업회 회장, 그리고 본인과 함께 청성공원의 향후 조성계획을 고려한 후 건립 장소를 선정 결정하여 건립하기로 하였다.

그런데 이것이 웬일인가? 숭모사업회에서는 당초 결정된 곳이 아닌 다른 장소에 동상을 건립하는 바닥공사를 하는 것이었다. 작업 현장에서 군수와 숭모사업회장이 건립 장소가 변경되었다는 관계로 고성이 오갔다.

군수는 내가 건립하라는 곳에 안하고 왜 다른 곳에 하냐고 숭모사업회장에게 문의하니까 숭모사업회장은 "그곳은 현 위치보다 낮고 평지라 약간 높은 지역으로 내가 일방적으로 경사진 곳으로 옮겼으니 이해하라."고 하신 말씀 끝에 "여보게 내가 잘못했네 하니까 두 분의 격한 감정이 사그라졌다.

▲ 면임 최익현 선생 동상(1999. 12)

옆에서 지켜본 나로서는 두 분의 의견이 틀린 것은 아니다. 군수님의 입장은 넓은 평지에는 많은 사람들이 동상을 볼 수 있도록 한 것이고, 숭모사업회장은 높은 위치에 건립하면 보는 이의 시야에 바로 보일 수 있는 곳을 선택한 것이라고 생각했다.

작고하신 두 분께서 동상 건립하는 장소를 가지고 고성이 오고간 것은 면암 선생을 생각하는 마음이 지극하고 정성스럽게 보였다. 동상을 볼 때마다 참으로 면암 선생의 나라사랑은 현시대를 살아가는 우리들의 진정한 사표가 아닐 수 없다. 이것을 계기로 향후에 면암최익현선생숭모사업회가 더욱더 발전되기를 바라는 마음이다.

제27대 내촌면장으로 책임을 부여받다

2001년 7월에 내촌면장 발령이 났다. 뜻밖에 일이라 생각했다. 산림과장이 면장으로 전보된 것은 처음이라 알았는데 취임하고 보니, 새삼 1972년도 제11대 영북면장과 1974년도에 제15대 내촌면장을 역임하신 김철주(金喆柱) 전 농림과장이 근무하신 것을 알게 되었다. 그분은 산림분야에서는 대가로 알려져 있을 뿐 아니라 산림녹화에 대한 지대한 공헌자이시다.

▲ 내촌면장 취임식(2001. 7)

내촌면은 지역여건이 47번 국도변인 음현리 경계에 남양주 장현리가 있어 남양주 권역이의 도시성을 띄었기에 순수한 농촌마을이라고만 볼 수는 없다. 이에 나는 지역주민과 소통하여 화합하는 것을 최대 과제로 생각하면서 어려운 일들을 하나하나씩 실타래 풀어가듯이 해결한다면 문제는 없을 것이라고 생각했다.

2001년 7월 14일과 15일 양일간에 걸쳐 내촌면 지역에는 346mm라는 포천군에서 가장 많은 기록적 폭우가 쏟아졌다. 이에 무엇보다도 시급한 것은 그동안의 지역주민께서 애써 가꾸어 온 농작물과 주택 및 각종 농업용 시설 등이 침수 및 파괴되었는데 이를 항구적인 원상복구에 집중하는 일이었다.

취임사 전문

- 주민과 소통하며 살아 숨 쉬는 행정

안녕하십니까?

2001년 7월 16일자 포천군 인사발령에 의거 내촌면장으로 발령받은 박찬억입니다.

오늘 바쁘신 데도 불구하시고 본인의 취임식에 참석하여주신 포천군의회 김영대 의원님, 포천경찰서 내촌파출소 이명식 소장님, 그리고 김수용 이장협의 회장님을 비롯한 각 부락의 이장님, 윤석남 부녀협의 회장님을 비롯한 각 부락의 부녀회장님, 유경준 새미을지도자 협의회장님을 비록한 각 부락의 새마을지도자 등 유관기관 단체장님께 이 자리를 빌어 감사의 말씀을 드립니다.

오늘 내촌면장으로 취임한 본인은 개인적으로는 영광이라고 생각합니다만 한편으로는 어깨가 무겁습니다. 특히 지난 14일과 15일 양일간에 걸쳐 내촌면 지역에 346mm라는 포천군에서 가장 많은 기록적 폭우가 쏟아져 그동안의 지역 주민들께서 애써 가꾸어온 농작물 피해와 주택 및 각종농업용 시설 등이 침수 및 파괴되어 재산상의 손실을 입은 것에 대하여는 매우 안타까운 일이라고 아니 할 수 없습니다.

그러나 현 시점에서는 피해상황에 따라 응급조치 할 지역은 응급복구를 한 후 빠른 시일 내로 항구적인 복구가 이루어져서 피해 주민들께서 본래의 생업으로 돌아갈 수 있도록 최선의 노력을 하겠습니다.

그동안의 피해지 조사와 응급조치를 하느라 불철주야 헌신적으로 봉사하신 공직자를 비롯한 모든 분들께 그 노고에 대하여 이 자리를 빌어 감사하다는 말씀을 드립니다.

그동안의 탁월하신 홍운기(洪運基) 전 면장님께서 지역발전을 위하여 많은 일을 하셨기에 후임자로서 부담이 갑니다만 열심히 하겠다는 말씀을 드립니다.

행정을 맡고 있는 공직자는 주민의 작은 목소리에도 귀를 기울여 늘 주민과 소통하는 자세로 일을 해주시기 바라며 항상 자기가 맡은 일에 대하여는 애착심을 갖고 능동적으로 대처해서 살아 숨 쉬고 꿈틀꿈틀거리는 행정을 생동감 있게 펼쳐주시기를 당부드립니다.

지역주민 여러분께서도 항상 공직자와 대화로 소통하면서 객관적인 입장에서 옳고 그름을 즉석에서 지적을 해주시면 잘못된 부분은 수정하고 보완해서 보다 나은 행정을 펴나갈 수 있도록 감시자가 돼주시기를 부탁드립니다.

항상 내촌면 지역을 아끼고 사랑하면서 일할 수 있는 분위기를 만들어주시기를 다시 한 번 부탁드리면서 오늘 이 자리에 참석해주신 모든 분들께 감사하다는 인사와 함께 취임사에 가름합니다.

감사합니다.

2001년 7월 16일

내촌면장 박 찬 억

2002년 10월 6일은 제3회 내촌면민체육대회 행사 날이다. 이 행사는 6천여 주민의 화합을 다지는 행사로써 1년 중 가장 큰 행사라고 할 수 있다.

당일 행사에 앞서 박윤국(朴允國) 군수, 홍성훈(洪性勳) 의회 의장, 이상만(李相晩) 도의원의 축사와 김선필 체육회장의 인사말에 이어 본인이 개회선언을 한 후 부락별로 지니고 있던 기량을 발휘하여 면민의 한마당 잔치가 성황리에 이루어져 소통의 자리가 되었다.

▲ 제3회 내촌면민체육대회 개원식(2002. 10)

▲ 제3회 내촌면민체육대회(2002. 10)

특히 모든 주민들이 혼연일체가 되여 내리에서 마명리까지 진입하는 왕숙천 주변 도로에 식재한 회초리 같은 벚나무가 어느덧 성장하여 따스한 봄날에 만개한 벚꽃 거리를 지날 때마다 옛 추억이 되살아난다.

약 4년이란 재임기간동안 내촌면의 행정을 잘 이끌 수 있도록 물심양면으로 도와주신 김영대 포천시의회 의원, 김수용, 조광연 이장협의회장을 비롯한 각 부락 이장님. 그리고 윤석남, 유경임 부녀협의회장을 비롯한 각 부락의 부녀회장님, 유경준 새마을협의회장을 비롯한 각 부락의 새마을 지도자 들이 단합하여 모든 행사에 능동적으로 도와주신 덕분으로 잘 마무리가 되었다고 생각하며 이 자리를 빌어 감사드립니다.

▲ 내촌면 이장님들과 함께(2003. 1)

▲ 내촌면 부녀회장님들과 함께(2003. 1)

▲ 포천체전에서 내촌면 배구 우승 및 축구 결승진출(2003. 10)

중국의 다롄시장을 비롯한 공무원들의 위력

2007년 7월에 간부회의시에 중국의 다롄시장과 공무원들이 기업을 유치한 감동적인 사례에 대하여 설명하고 전 직원에게 메일로 보낸 내용을 다시 한 번 기억해보는 의미에서 적어본다.

세계최대 반도체 생산업체인 미국의 인텔에서 25억 달러(약 2조3,700억 원)짜리 공장을 유치한 라오닝성 샤더런 중국 다롄(大連)시장의 방침은 기업의 요구는 위법이 아니면 다 들어준다는 서비스 정신이 먹힌 것이라고 말했다.

인텔은 1월부터 다롄시 수출 가공단지 B구역에서 본격적인 공사에 착수했다. 3월 말에 25억 달러를 들여 반도체칩 생산라인 공장을 짓겠다고 발표한지 3개월 만이다.

인텔은 여기서 2010년 상반기부터 월 50,200개의 12인치 첨단 칩을 생산할 계획이다. 이 생산라인은 인텔이 1980년도 이스라엘과 1992년도 아일랜드에 이어 15년 만에 처음으로 미국 밖에 짓는 공장이다. 이런 대어를 낚는 데는 샤더런 시장의 역할이 결정적이었다.

시장은 2004년 초 인텔이 해외에 공장을 지으려고 한다는 소식을 접하자마자 미국의 인텔 공장으로 날아갔다. 이 무렵 한국도 오영교 당시 KOTRA 사장이 나서 인델과 접촉했으나 별 소득이 없었다.

2004년 12월 인텔의 전 세계 20개 후보도시에 포함된 사실을 확인한 다렌시는 다음해 1월 2006년 말까지 유치를 마무리한다는 계획을 세우고 33명으로 구성된 특명투자유치팀을 가동했다. 강력한 후보였던 벵갈루루가 탈락하면서 다렌은 2005년 11월 인텔과 정식으로 유치협상을 시작할 수 있었다.

인텔의 요구는 다양했다. "전력선을 모두 바꿔라.", "오수처리장을 만들어라.", "LNG 파이프를 매설해라", "365일 24시간 물류통관 시스템을 갖춰달라."는 등 인텔은 엄청난 요구를 해왔는데, 다렌시는 이런 요구를 하나도 거절하지 않고 최대한 들어주기로 약속했다. 양측은 8개월 간 크고 작은 협상을 100차례 이상 진행했고 마침내 지난해 7월 투자계약서에 서명하게 됐다.

그러나 그게 끝이 아니었다. 인텔은 다렌시가 공장부지로 제시한 수출가공단지 B구역(1,45km2)을 마다하고 그 옆 부지를 요구했다. 인텔이 요구한 땅에는 주거지와 학교가 있었고 수출가공단지 밖이어서 공장을 지을 수가 없었다. 다렌시는 난감하지 않을 수 없었다.

2-3년 걸려 중앙정부의 비준을 얻은 수출가동단지 면적을 넓히려면 또 몇 년이 걸릴지 몰랐다. 이런 상황에서 다렌시 공무원

들은 머리를 맞대 환지(換地)라는 묘수를 짜냈다. 인텔이 요구한 땅과 B구역을 통째로 바꾸기로 한 것이다. 운영의 묘를 충분히 발휘한 아이디어였다. 공무원들의 감동 행정으로 다렌시는 25억 달러짜리 공장과 수천 명의 고용창출이라는 커다란 선물을 안을 수 있었다.

그러나 우리는 어떤가? 20세기 후반 동·서양의 많은 국가가 혹독한 대가를 치른 뒤 폐기처분한 좌파평등주의에 뒤늦게 빠져 일자리와 투자를 차버렸다. 그 결과 성장동력은 잃고 양극화가 심화되는 악순환에 처해 있다. 다롄시와 같은 감동적인 사례는 눈 씻고도 찾을 수가 없다. 올 상반기에 유치한 외국인 직접투자는 33억 달러에 불과하다.

도처에 깔린 공무원이 규제에 칼을 갈며 기업을 괴롭힌 결과다. 대한상공회의소에 따르면 새 공장을 지으려면 35개의 규제를 풀어야 한다. 이러니 기업인 사이에 중국을 도저히 이길 수 없다는 패배의식이 퍼지고 기회만 있으면 해외로 나가겠다는 다짐이 든다고 하니 큰일이다.

규제야 정부에서 풀어야 하지만 현시점에서 라도 기업의 의욕을 북돋고 경제가 활력을 찾도록 하는 것이 우리의 역할이다. 긍정적인 사고방식으로 민원을 대하는 공무원 상이야말로 지역과 나라의 발전을 도모하는 일이며, 진실로 주민을 위한 공무원상이라 할 수 있겠다.

자연휴양림을 조성하다

2009년 당시에는 포천시에는 개인이 운영하는 사설휴양림인 국망봉자연휴양림은 있지만 시에서 운영하는 자연휴양림은 없었다. 그래서 2009년도에 산림청으로부터 동교동 소재 시유림 116ha(348,000평)를 자연휴양림으로 지정받은 후 본격적으로 자연휴양림을 조성하였다

자연휴양림 조성과정에서는 난관이 많았다. 가장 힘들었던 것은 휴양림조성 대상지가 시유림인 관계로 옛날부터 마구잡이로 분묘를 조성하여 공동묘지가 조성된 곳이었다. 묘지를 이장하는 데는 이장 비용을 지불하여도 연고자가 응하지 않을 경우에는 휴양림을 조성할 수가 없다. 그래서 몇 차에 거쳐 일정 기한을 정하여 분묘이장 공고를 한 후 묘지 연고자를 찾아가 이해를 구해야 했다. 그렇게 해서 분묘 이장이 완료되었기에 자연휴양림을 조성할 수 있었다.

동교동 자연휴양림은 현재는 유일하게 포천시립 자연휴양림으로 국민의 정서함양과 건강증진을 위하여 면모를 갖추게 되었으

며 2012년 1월부터 정식 개장하여 일반인을 대상으로 운영하고 있다.

향후에는 인근 시·군 양주시, 동두천시와 경쟁력을 갖추기 위해서는 휴양림조성한 부지 이외 지역에는 치유의 숲을 조성하여서 많은 이용객을 유치하여 지역경제 활성화가 되었으면 하는 바램이다.

광릉숲 유네스코 생물권 보전지역 지정

광릉숲은 우리나라 생태계의 보고(寶庫)로서 생물권 보전지역으로 지정하여야 한다는 것은 나뿐만 아니라 포천시민, 더 나아가서는 국민 대다수가 공감하고 있는 실정이다. 1997년 국무총리실에서 광릉숲 보존을 위하여 광릉숲 보전 종합대책을 수립하여 수목원 사전예약제, 산림환경교육, 우회도로개설, 완충지역 설정으로 주변개발 억제 등의 방안을 시행하고 있었다.

2004년도부터 국립수목원과 포천시에서 광릉숲 일대를 유네스코 생물권 보전지역으로 지정코자 추진하였으며 이미 광릉숲은 1981년 유네스코의 생물권 보전지역 적정지역으로 인정받게 되었다. 그렇지만 그 당시에는 보전에 대한 확실한 보장이 없어 기각되었던 경험이 있었다.

당시에는 생물권 보전지역을 지정되기 위한 조건을 갖춘 지역중에서 MAB 위원회의 요청에 따라 국제조정이사회가 지정하는 것으로서 지역주민 중 단 한 사람이라도 반대의견이 있으면 탈락하고 만다.

그러나 수도권 정비계획법, 그린벨트 등 각종규제로 몸살을 앓아오던 주민들의 민심까지 아우르진 못한 아쉬움이 있었다.

나 역시 포천시 산림부서에 몸담고 있는 사람으로 수차례 광릉숲보전대책추진위원회 위원으로서 조재명(趙在明) 전 임업연구원장, 박춘범(朴春範) 직동리 주민대표 등과 머리를 맞대면서 관내 지역주민 의견을 수렴하고 사업설명회에 참여하여 충분히 설득하였지만 결과적으로 주민들의 반대에 부딪쳐 추진이 중단된 바 있다.

이렇게 표류되었던 광릉숲생물권보전지역 추진은 경기도 포천시 소재에 국립수목원이 있기에 2008년 11월 적극적으로 검토하여 경기도와 국립수목원 공동명의로 유네스코 본부에 신청하였다.

1985년부터 생물권 보전지역의 용도구획(핵심, 완충, 전이)과 3기능(보전, 발전, 지원)의 통합이 명확하고 업무분담을 하여 핵심, 완충지역의 보전기능과 환경교육, 생태프로그램 운영등 지원기능은 국립수목원이 중심되어 수행하고 경기도와 포천시는 광릉숲 인접지역인 전이지역의 활발한 활동을 장려하여 지속 가능한 발전기능을 수행하는 것으로 하였다.

즉 지속가능한 발전은 생물권보전지역 지정을 통한 국제적 인증과 유네스코 브랜드 가치를 현명하게 활용하면 가능할 것으로 판단되어 광릉숲에 인접한 소흘, 가산, 내촌지역에서 생산되고 있는 포도를 비롯한 각종 농축산물을 경기도 G마크의 인증에 준

하는 엄격한 심사에 의해 품질을 인증하고, 여기에 유네스코 마크, 또는 지역에서 자체 개발한 로고를 부착하여 판매하게 되면 품질면이나 가격 면에서나 경쟁력을 확보할 수 있다는 확신을 가지게 되었다.

이에 생물권보전지역 내에 있는 친환경적으로 운영하는 식당, 숙박시설 등에 생물권 보전지역 브랜드를 사용할 수 있도록 하는 것은 좋은 대안이기에 주민들을 설득하여 광릉숲이 생물권 보전지역으로 지정하는데 아무런 문제점이 없다고 의견서를 제출하였다.

그리하여 2010년 6월 2일 개최된 유네스코 '인간과 생물권계획(MAB: Man and the Biosphere Orogramme)' 국제조정 이사회에서 우리나라 최대의 산림보고인 광릉숲이 유네스코생물권보전지역으로 선정되었다. 경기도와 포천시 등 국립수목원이 500년 이상 보전되어온 광릉숲과 주변지역 일대 24,465ha(73,395,000평)가 유네스코생물권보전지역으로 지정되기에 이르렀던 것으로 우리 포천시가 생긴 이래 최고의 쾌거라 할 수 있다.

광릉숲은 설악산(1982년), 제주도(2002년), 신안 다도해(2008년)에 이어 국내에서 4번째로 선정되는 생물권보전지역으로 특히 수도권 지역인 포천시가 선정되었다는 점에서 큰 의미가 있다.

2010년 6월에 생물권보전지역 지정에 관련된 각 기관의 공무원들이 지정서 수여식에 참여코자 프랑스 파리 유네스코 본부에 출장계획이 있었으나 이장일(李長一) 산림과장이 참석한 바 있다.

▲ 광릉숲 유네스코 생물권보전 추진 보고회(2008. 1 공보실 제공)

그러나 광릉숲이 유네스코생물권보전지역으로 지정된 것만으로 능사가 아니다. 물론 패러다임은 변화되었는데 이를 뒷받침하는 지역경제 활성화의 인프라는 전반적으로 부족한 실정이다. 그러므로 지역주민과 기관, 시민단체 등이 긴밀히 협력하여 생물권보전지역의 관리계획을 수립하고 지역의 가치와 삶의 질을 높일 수 있도록 해야 한다.

또한 생물권 보전지역 관리조례를 제정하여 제도적으로 이를 뒷받침하고 정책적으로 지원될 수 있도록 해야 하는데 현 실정은 어떠한가? 주관부처에서 지역주민을 위한 제도적인 장치가 언제쯤 이루어질 수 있는지 의문이다.

공직을 마무리하면서

오늘은 35년간이란 긴 세월 동안 청춘을 바쳐온 공직생활을 마감하고 퇴임을 하는 날이다. 20대 초반에 산림과 인연을 맺어서 그동안 오늘이 있기까지는 어렵고 힘들었어도 좌절하지 않고 견뎌온 것은 동고동락했던 선후배 직원들 덕분이다. 그리고 늘 곁에서 좋으나 싫으나 따뜻한 밥에 깨끗한 옷을 매일같이 챙겨

▲ 명예퇴임식 동료 공무원들과 함께(2011. 6)

준 아내에게 정말로 고맙다는 말을 전한다.

정들었던 공인의 문을 떠나면 퇴임 후에는 무엇을 할 것인가? 퇴임자의 직장은 그리 만만치는 않다. 물론 몇 곳에서 취업제의도 있었지만 퇴임 전에 늘 생각한 것은 오랜 동안 산림분야에서 체득(體得)한 것을 임업에 관심 있는 사람들과 소통하면서 내가 아는 것은 주고 모르는 것은 받는 서로가 정보 지식을 공유하면서 봉사의 길을 가는 것 이었다.

첫 번째는 그동안 산림분야에서 프레임에 의거 일을 했지만 임업인의 입장에서는 타 업종에 종사하는 사람과 불평등하여 소외감이 있어 산림정책에 대한 개선책이 필요하다.

두 번째는 숲을 잘 보존하여 후손들에게 물려줄 수 있는 방법에 대하여 무한 봉사를 해야 하는데 그것이 바로 산림청에서 시행하는 국가자격증 제도인 산림교육전문가 자격증을 획득하는 것이다.

산림교육전문가는 생명을 품고 있는 숲 생태계에서 일어나는 모든 현상을 오감으로 체험하면서 생각과 사고의 변화를 꾀하도록 탐방객의 생활양식을 변화시켜 주어야 하는데 막상 두렵기만 하다.

수십 년 간 숲과 인연을 맺어서 무엇이든지 다 할 수 있을 거라고 자부했지만 정작 숲에 들어가면 그렇지 못한 경우가 현실이다. 아직은 걸음마 수준이라 배우고 노력해야 한다. 공직자는 퇴직하더라도 사회적으로 무한 책임을 져야 한다는 말이 불현듯 떠오른다.

다음은 퇴임식장에서 내가 읽은 퇴임사다. 취임사는 꿈으로 쓰고, 퇴임사는 발자취를 쓴다고 한다.

퇴임사 전문

- 공직생활 35년을 마무리하며

우선 저의 퇴임식 자리를 성대하게 마련해주신 시장님께 감사드립니다.

그리고 오늘 바쁘신 데도 불구하시고 귀중한 시간을 내시어 저의 퇴임식에 참석하여 주신 김영우 국회의원을 대신하여 김철호 사무국장님, 경기도의회 윤영창, 이강림 도의원님, 포천시 의회 김종천 의장님을 비롯한 시의원님들, 그리고 김현식 농협중앙회 포천시 지부장님과 이만구 문화원장님, 서동기 부시장님 내외분, 한창수 전 기획감사실장님께 감사드립니다.

그리고 저와 함께 일했던 동료 여러분과 선·후배님에게도 이 자리를 빌어 감사드립니다. 또한 원근거리에서 축하해주시기 위하여 자리를 함께해주신 가족, 친지, 친구 여러분께도 감사드립니다.

오늘 이 자리는 제가 1972년 6월부터 산림조합에서 근무를 시작하면서 산림분야에 관심이 있어 인연을 맺고 싶어 산림공무원이 되려고 시험을 보았으나 두 번의 낙방으로 좌절하지 않고 세 번째로 임업분야 공무원시험에 합격한 후 1976년 9월부터 포천군 산림과에 첫 발령을 받고 35년간 공직생활을 마무리 하는 자리가 되겠습니다. 그동안의 대과 없이 이 자리에 온 것은 여기 계신 모든 분들이 물심양면으로 도와주신 덕분이라 생각하며 정말로 감사드립니다.

또한 제가 공직에만 전념할 수 있도록 음지에서 묵묵히 뒷바라지 하여준 아내인 이매월 여사님께도 이 자리에서 고맙다는 말을 전합니다. 그리고 바쁘다는 이유로 잘 챙겨주지 못했어도 반듯하게 잘 자라준 사랑하는 아들딸에게 고맙다고 말하고 싶습니다. 더욱더 고마운 것은 직장 생활을 해가면서 눈에 넣어도 아프지 않는 손자 재현(4살)이를 낳아서 잘 길러온 자랑스런 며느리에게 정말 고맙다는 말을 전합니다.

존경하는 선후배 공직자님, 그리고 지역사회 선후배님과 동료 여러분들! 저는 35년간의 공직생활을 하는 과정에서 힘들고 어려웠던 일들을 포기하지 않고 실타래 풀어가듯 슬기롭게 대처하여 왔습니다. 그래서 보람을 느낀 일도 많았고, 억울함을 당했어도 좌절하지 않고 바보 같은 심정으로 묵묵히 걸어왔습니다. 35년 동안 일어난 일들이야말로 저 서쪽하늘 아래에 있는 왕방산을 종이 두루마리로 삼고 한내천을 먹물로 삼아 글을 쓴다 해도 어찌 다 쓸 수 있겠습니까?

저는 지금까지 많은 일을 했습니다만 제 기억에 가장 생생히 남는 것은 우리 시 토지면적에 비하여 66%를 차지하고 있는 산림을 70년대부터 약 30여 년 간 나무를 심고 가꾸는 일이었습니다. 매년 반복되는 일이었지만 지금은 산림 내에 있는 나무들이 저마다 아름다운 자태를 뽐내고 있는 모습을 볼 때마다 큰 보람을 느끼고 있습니다.

존경하는 선후배 공직자님, 그리고 지역사회 선후배님과 동료여러분! 저는 내 인생의 가장 아름다웠던 지난 35년 간의 공직생활을 마감하고 이 자리를 떠나갑니다. 제가 20대 초반에 공직에 입문하여 지금까지 나름대로 소신 있게 임했다고 하지만 지금 와서 돌이켜보면 좀 더 잘했더라면 하는 아쉬운 감이 있습니다.

그리고 저와 같이 동고동락했던 직원들과 머리를 맞대며 업무를 추진하는 과정에서 힘들었던 부분에 대하여는 이해를 하여 주시고 또한 서운한 점이 있었다면 이 시간 이후부터는 잊어버리시고 좋은 점만 기억하여 주시기 바랍니다.

제가 35여 년 간의 공직을 대과 없이 떠날 수 있도록 도와주신 모든 분들께 이 자리를 빌어 다시 한 번 감사의 인사를 드리면서 저는 이만 떠나갑니다.

앞으로 포천시가 새롭게 비상하는 모습을 자랑스럽게 지켜보면서 남은 여생을 포천의 발전을 위해 봉사하는 마음으로 열심히 살아가겠습니다.

끝으로 여기계신 모든 분들 항상 건강하시고 자정에 행복이 충만 하시기를 바라면서 퇴임사에 가름합니다. 안녕히 계십시오.

2011년 6월 24일 박 찬 억

4부

휴식이라는 충전의 숲

동남아시아에서 배우다

- 싱가포르, 태국, 말레이시아, 인도네시아, 베트남, 캄보디아

1994년 9월 5일부터 1994년 9월 10일까지 행정서비스 향상을 위한 국제안목 제고를 위하여 동남아시아 4개국을 권신원(權信源) 단장을 비롯한 15명이 참여하여 많은 것을 배우고 왔다.

▲ 싱가포르에서(1994.9)

그 후에 2004년 9월 6일부터 9월 11일(6일간) 베트남(하노이)과 캄보디아(씨앰립)을 경기도 내에 읍·면·동장 20명과 함께 다녀온 기행이다.

▲ 베트남 하노이에 있는 주식회사 미원 전경(2004. 9)

첫째 날인 9월 6일에는 베트남의 북쪽지방인 하노이 행 비행기에 몸을 싣고 공항에 도착했다. 베트남 별식이라 하는 훅 불면 날아갈 정도로 까실까실한 볶음밥으로 중식을 한 후 우리나라에서 경영하고 있는 ㈜미원을 관람하였다. 베트남에서 10년간 운영하였던 한국인의 기업 미원공장을 관람한 후 하롱베이로 이동하였다.

▲ 하롱베이에서(2004. 9)

둘째 날인 9월 7일에는 용이 내려와 섬을 이루었다는 하롱(下龍)베이는 1,969개의 섬이 있고 그 주변에는 3,000여 개의 섬으로 이루어져 있다. 배로 6시간여 동안 이동하면서 우리나라에서 볼 수 없었던 아름답고 웅장한 섬 이야말로 장관을 이루었다. 선상에서 바닷물고기인 도다리 5kg짜리 2마리를 잡아 회를 떠서 20명이 배부르게 먹었는데 별맛은 없었다. 왜냐하면 찬물에서 자란 물고기가 육질이 단단하여 맛이 있는데 그 지방은 열대지방이라 물이 따뜻하여 육질이 푸석하여 별로 맛이 없었다.

셋째 날인 9월 8일에는 베트남의 지도자인 호치민의 사저, 미

▲ 호치민 박물관에서(2004. 9)

라, 박물관 및 전쟁박물관과 바딘광장을 관람하는 과정에서 호치민의 주검이라는 미라는 삼엄한 경비 속에 엄숙한 마음으로 관람하여야 한다. 호치민의 명언은 자유만큼 중요한 것은 없다.

17:00시에는 캄보디아로 가는 비행기에 몸을 싣고 2시간 후에 씨앰립공항에 도착하여 천장을 보니 프로펠러식 선풍기가 달려 있고 조그마한 공항이었다.

북한 식당인 아리랑식당은 캄보디아 국왕과 김정일 국방위원장과의 의형제를 맺어서 북한에서 경영하는 식당인데 석식을 하는 과정에서 북한 종업원들이 춤추는 모습 그 종업원들은 북한에서 가장 멋진 여자를 선발하여 3년간 일한 후 되돌아가는 계약직 종업원인데 그녀들의 모습을 보면서 정말로 남남북녀라는 것을 느꼈다.

넷째 날인 9월 9일에는 캄보디아의 앙코르와트를 관람했다. 앙코르와트는 힌두교와 불교문화가 기묘하게 결합된 문화흔적으로, 아시아 역사상 가장 크게 번성했던 한 왕국의 유산이자 인류가 낳은 걸작품이다. 캄보디아 국왕은 요스레 시아느크이며 전체 인구는 1,200만 명으로 씨앰립에는 10만 정도의 인구가 살고 있다. 우주의 중심처럼 서 있는 바이온 사원과 바푸온 사원 그리고 잉코르 톰은 하나하니가 색다른 감동을 주었다.

앙코르 톰은 사암(砂巖)으로 건축되어 그 범위는 가로, 세로가 3km로 442,000평이다. 400여 년 동안 밀림지에서 방치되어 있던 곳을 식물학자가 발견하여 세계 7대 불가사의로 각광을 받고 있고 있다. 앙코르와트가 현재는 건물이 노후하고 허물어져 그 자재는 현장에 있지만 복원할 수 있는 건축업자가 없어 안타까운 실정이라고 한다. 현재 프랑스 등 외국인들이 와서 복원하고 있으나 복원 후의 모습보다 그대로 보존하는 것이 더 좋을 것이란 생각이 든다.

캄보디아에서는 많은 주민들을 학살할 때 대상자를 초등학생이 선발했는데 손이 깨끗한 사람, 안경을 쓴 사람, 얼굴이 고운

▲ 앙코르와트 톰 앞에서 (2004. 9)

사람 등을 학살하였다. 학살된 인원은 현재 인구의 1/4(300만 명)이며 해골을 유리관 속에 보존되어 있다.

다섯째 날인 9월 10일에는 동양에서 가장 큰 호수 톤레샵 호수를 관광하였다. 이 호수는 세계에서 두 번째로 큰 호수이고 그 면적은 경상도 크기만 한 면적이며 눈에 들어오는 것은 허름한 수상 가옥이다. 그 가옥의 수는 1,200가구로 주민들의 생계수단은 고기를 잡는 일이다. 물의 색은 황토색이며 안전요원이 10살 정도의 소년이 참 대견하다고 느꼈다.

공무원산악회 지리산 산행

공무원산악회는 공무원들만의 체력단련과 친목단체로서 매월 한 번씩 산행을 실시한다. 2006년 5월 19일에는 전북 남원에 있는 지리산 바래봉 철쭉군락지를 다녀왔다. 산행 참가인원 36명이 밤 10시에 전세버스에 탑승하여 5월 20일 새벽 3시반 경에 남원의 광한루에 도착했다. 남원추어탕으로 아침식사를 하고 산행입구인 정령치 휴게소에 도착하니 날이 훤하게 밝아오는 5시 경이었다.

새벽바람을 가슴에 안고 상큼한 기분으로 산행하는 노폭(路幅)은 한 사람만 겨우 다닐 정도로 좁았고, 지면은 전날 비가 촉촉이 와서 약간 미끄러웠다. 그렇지만 계속적으로 산의 복부를 오르는 산행이 아니라 능선부를 오르내리는 산행으로 아기자기한 산행이었다.

정령치에서 세걸산을 지나고 팔랑치에서 바래봉을 바라다보는 약 1,5Km 구간에서 우리는 붉게 핀 철쭉군락지를 만날 수 있었다. 모두들 사진을 찍으며 밝게 웃고 있었다. 철쭉나무의 크기는

▲ 지리산 바래봉에서(2006. 5)

보통 내 키보다 크고 뭉실뭉실한 꽃은 마치 천상의 화원을 방불케 했다. '으아!' 소리가 저절로 나올 정도로 장관이었다.

철쭉단지가 조성된 경위를 살펴보면 1970년에 목장주인이 양과 염소 등을 기르기 위하여 나무를 베고 초지조성을 하는 과정에서 철쭉종자도 파종하여 자라고 있었으나 가축들이 철쭉을 개꽃이라 하여 독이 있어 식용으로 이용하지 못했다. 그 관계로 철쭉이 무성하게 되어 많은 사람들이 모이는 곳 명소가 된 것이다.

철쭉군락지의 면적은 약 690ha(2,079,000평)이며 바래봉 정상의 동쪽에는 우리나라에서 두 번째로 높은 지리산 천황봉(1,915m)이 자리하고 있다. 그리고 주능선을 따라 서쪽방면에는 노고단이 있어 마치 파노라마를 연상하게 하는 곳이기도 하다.

우리 일행은 철쭉의 꽃향기에 취하고 취하면서 드디어 바래봉 정상에 도착했다. 정상의 기쁨도 잠시, 급격히 밀려오는 허기에 간단하게 요기를 한 후 산길을 따라 하산을 시작했다. 운봉의 용산 마을까지는 약 4Km로써 2시간 정도 소요되지만, 우리 일행은 빠른 코스인 운지사 방면으로 내려와 1시간 만에 하산하였다. 총 산행시간은 약 7시간 정도였으나 팔랑치의 철쭉을 생각하면 가볍고 즐거운 산행으로써 일상 업무에 재충전의 기회가 되었다.

동유럽에서 배우다

- 체코, 헝가리, 오스트리아, 폴란드 여행

2006년 11월에는 시의원 선진국 정책체험 연수계획에 의거 포천시의회 김종천(金鍾天) 산업건설위원장, 김성남(金成男) 의원, 이중효(李中孝) 의원, 이병욱(李丙昱) 의원과 최종기, 박기영 의회사무과 직원, 그리고 세정과에 유창열 과장, 김영길 팀장, 함병선, 신경숙, 김수옥 주무관 등 12명과 동행하여 11월 20일부터 11월 28일까지 9일간 체코, 헝가리, 오스트리아, 폴란드 등 4개국을 여행, 많은 것을 보고 느끼며 배웠다.

2006년 1월 21일은 오스트리아의 잘츠부르크를 관람했다. 잘츠는 독일어로 소금을 뜻하고 부르크는 성을 뜻하는 단어로 북부 독일에서 오스트리아 중부 지방에 이르는 이 지역은 암염(岩鹽)의 생산지로 선사시대부터 켈트족과 게르만족들이 소금을 확보하기 위하여 세력 확장에 혈안이 되었던 곳이다.

1816년 오스트리아 영토가 되기 전까지는 독립주권을 가진 도시로서 대주교 드이가 잘츠부르크를 통치했다. 17세기와 18세기

▲ 잘츠부르크 시내 정상에서(2006. 11)

가 전성기였고 이 시기에 모차르트가 태어났다. 1922년 여름부터 위대한 음악가를 기리기 위해 잘츠부르크 음악제를 시작했으며 해마다 전 세계에서 많은 음악인들이 찾아온다고 한다.

모차르트 다음으로 이 도시의 주가를 높여준 것은 영화 <사운드 오브 뮤직>이다. 영화는 해피엔딩으로 끝났지만 1944년 미군 폭격으로 7천여 채의 건물이 파괴된 아픈 역사를 간직하고 있다. 구시가지는 유네스코가 지정한 세계문화 유산이다.

오스트리아 미라벨 정원은 18세기에 요한 피셔 폰 에를라흐가 꾸민 것이다. 이곳을 배경으로 영화 <사운드 오브 뮤직>에서 아이들과 마리아가 '도레미송'을 불렀다. 테라스에서는 장미원이 잘 보이는데 원래 호엔 잘츠부르크의 요새였던 곳이다. 정원 정문

▲ 미라벨 정원에서. 뒤 배경은 잘츠부르크 성(2006. 11)

맞은편에 있는 성당은 유럽에서 보기 힘든 로마네스트 양식의 성당으로 베드로의 동생 성 안드래아 성당이다.

다음에는 모차르트 생가와 게트라이데 거리를 들렀다. 미라벨 정원에서 언덕 위 하얀 호앤 잘츠부르크 성이 보이는 방향으로 걸어가서 정원을 벗어나면 Makartplatz 광장이 나오고 맞은편 노란색 건물은 모차르트가 살았던 대저택 Mozart wohn haus이다. 오른쪽 Salzach강변 쪽으로 걸어가서 다리를 건너 신호등을 지나면 대형 슈퍼 Billa가 보인다. 빌라 왼쪽 옆 개인집 입구로 들어가면 예쁜 간판들이 눈에 띄는 곳이 게트라이데 거리다.

이곳에서 왼쪽으로 걸어가면 오른쪽에 사람들이 많이 모여 사는 노란색 건물이 모차르트 생가(生家)다.

▲ 모차르트 생가

오스트리아가 낳은 세계적인 음악스타 모차르트, 내가 그의 생가를 방문한 2006년도는 모차르트가 태어난 지 250번째 맞이하는 해이다. 모차르트는 45살의 짧고 굵직한 그의 삶을 통해 그는 626개의 곡을 작곡했다. 첫 번째 곡은 5살에 작곡하였고 마지막 곡은 임종 전에 작곡하였다고 하니 실로 음악만을 위해 평생을 바친 숭고한 정신에 옷깃이 여며진다. 모차르트의 음악은 세계 사람들에게 사랑받고 있지만 그의 250번째 생일 축하 파티는 그가 태어나고 죽기 전 10년의 시간을 보냈던 그의 고향인 잘츠부르크와 그의 음악 경력이 큰 영향을 주었던 비엔나와 같은 다른 오스트리아의 지방에서 열릴 예정이다.

▲ 도나우강(다뉴브강) 댐 설명회에서

2006년 11월 22일에는 오스트리아의 도나우강[13] 수력발전소 및 댐을 견학했다. 도나우강은 볼가강 다음으로 유럽에서 긴 강으로 영어로는 다뉴브, 독일어로는 도나우(Donau), 헝가리어로는 두나(Duna), 루마니어로는 두나리아(Dunarea), 불가리어로는 두나브(Dunav)로 불린다. 독일 남서부에서 발원하여 중·동유럽을 동서로 흘러 흑해로 들어가는 국제하천으로 전체 길이가 2,860km로 유럽 10개국을 흐른다.

내가 방문한 오스트리아는 석탄생산량이 적은대신 수력발전이

13) 도나우강 : 영어명은 다뉴브강이다.

▲ 댐 위에서 요셉 책임자의 설명회

발달하여 유럽의 전기 수출국 중에 하나라고 한다. 도나우강에 댐을 건설해서 강의 적당한 곳을 가로막아 수위를 높여서 낙차를 얻는 방법을 사용하고 있다. 이곳은 자연낙차와 자연유량을 이용하는 수로식 발전이 계절과 강우량의 영향을 많이 받는 것에 비해 언제나 일정량의 전기를 생산할 수 있다는 장점이 있다. 이와 같은 댐이 오스트리아 도나우강에 100곳이나 있다고 한다.

이곳의 특징은 댐이 홍수방지용 수량조절장치, 발전소, 수로의 세 개의 부분으로 나누어져 있다는 것과 댐으로 내려오는 목재 등의 쓰레기를 건져내어 건조시킨 후 소각하여 바이오매스로 사용한다는 것이다. 방문할 때 마침 발전소의 카플란 터본을 교체하는 공사가 있어 그 모습도 관람할 수 있었는데 아직 20년은 더 사용할 수 있는 터본을 사고와 전력공급량 증대를 위해 과감히 교체하는 것을 보면서 오스트리아는 앞으로 변화에 대해 사전에 대응하는 선진국이라는 것을 느꼈다.

장소를 옮겨 린츠 크렘스시의 시청을 견학하였다. 크렘스시는 24,000여 명이 거주하고 있다. 1995년에 도시로 인정받은 후 1010년이 넘은 긴 역사를 간직해오고 있는 도시다. 예부터 도나우강을 따라 소금과 와인으로 교류하는 물류의 중심지로서 경제가 발전한 지역이다. 와인은 2000년 전에 이태리로부터 전수받았는데 이젠 이태리보다 각광받는 와인의 본산지로 유명하다. 특히 교육도시로서 학생 수가 11,000여 명에 이르고 있으며 관광전문대에서 관광학을 배우는 학생이 5,000명에 이르고 있다. 최근 자동차가 다니지 않는 상가를 지정하여 큰 상권을 형성하고 있으며 각종 이벤트를 실시하여 연 18,000명의 관광객이 찾고 있으며 유람선은 연 280,000명이 이용하고 있다.

린츠 크렘스시의 시의회 의원은 40명으로 5년마다 선거가 이루어진다. 5개 정당으로 구성된 시의회는 의원들이 시장을 선출하는 제도를 갖추고 있다. 시에서는 교육과 의료 등 모든 분야를 관할하고 있으며 공무원은 470명에 이르고 있다. 대부분 도시가

▲ 크렘스 시장실에서

그러하듯이 건축행위는 시의 허가를 득한 후 건축을 시행하여 오랜 전통을 이어가고 있다.

2006년 11월 23일에는 유럽에서 가장 호화로운 궁전 중 하나인 쉘부른 궁전이다. 이 궁전은 합스부르크 왕가의 여름 궁전으로 베르사이유 궁전에 비길만큼 화려한 규모를 자랑한다. 사실 이 궁전은 단 두대의 이슬로 사라진 마리 앙투와네트의 어머니인 마리아 테레지아의 궁전으로 규모는 베르사이유 궁전보다 작지만 그 화려함과 정원의 아름다움은 베르사이유를 능가한다.

▲ 쇤부른 궁전에서

궁전 안에는 극장, 예배당을 비롯해 무려 1,441개의 방이 있으며 이 가운데 40개의 방을 관람할 수 있었다. 정원은 바로크 양식으로 총면적이 1.7Km2(51만 평)에 달하고 작은 동물원과 식물원이 있다.

2006년 11월 24일에는 헝가리의 마차시 성당을 관람했다. 이 성당은 13세기 벨라 4세에 의해 건축된 고딕양식이 인상적인 부다페스트의 상징으로 여겨지는 성당이다. 역대 왕의 대관식이 행해졌으며 18세기 오스트리아 투르크족의 지배 하에서는 이슬람 서원으로 사용되기도 했다고 한다. 매주 일요일 아침에는 관현악

▲ 어부의 요새에서

단과 합창단의 반주에 맞추어 미사가 진행되며 금요일에는 오르간 연주도 진행한다.

성당에 관람에 이어 '어부의 요새'라는 곳을 방문하였다. '어부의 요새'란 마차시 성당에서 강 쪽으로 보이는 하얀 성곽으로 마차시 성당을 방어하기 위해 1902년에 지워진 요새다. 중세에는 야시장이 있었는데 많은 어부들이 모여 살았다고 전해진다. 강변을 따라 습격해오는 적들을 막기 위해 자연스레 어부들이 중심이 되어 주다왕궁과 주변 일대를 지켰다고 해 '어부의 요새'라는 이름을 지었다고 한다. 5개의 둥근 탑과 뾰족 지붕, 철탑이 아름답게 조화를 이루는 건물이다. 특히 이곳에서 바라보는 두나 강변의 페스트 정경이 으뜸인데 독특한 지붕이 인상적이다.

▲ 소금광산 내부에서

이어서 영웅광장을 관람했다. 영웅광장 한복판에는 헝가리 건국 천년을 기념해 1929년에 완성한 건국천년 기념비가 자리 잡고 있다. 높이 36m의 원주로 꼭대기에는 로마 교황의 꿈에 나타난 성 이스트반에게 왕관을 줄 것을 암시한 가브리엘 천사의 동상이 있다. 기념비 앞은 독립전쟁 당시 목숨을 잃은 무명용사들을 기리기 위한 무덤이다. 기념비 뒤쪽으로 반원형 기둥 사이에는 14개의 동상이 있는데 이슈트반에서 코슈트에 이르는 헝가리 건국 영웅들이다. 그 위에는 일과 번영, 전쟁, 평화, 학문과 영웅을 상징하는 4개의 동상이 늘어서 있다.

숙소로 돌아와 하루저녁을 더 유한 후 우리 일행은 2006년

11월 25일에는 가장 먼저 유네스코가 지정한 폴란드에 있는 소금광산을 방문했다. 비알리츠카 소금 층은 약 200만 년 전에 형성된 것이라고 하는데 자연이 만든 경이로움에 입에서 저절로 감탄사가 나온다. 오랫동안 바다였던 이곳은 물이 증발한 후 소금(염화칼슘)만 남았고 암염(岩鹽)이 되기까지 약 15,000년이 걸렸다고 한다. 소금을 캐고 난 뒤 남은 공간은 나무를 세워 버티게 하였고 안으로 흘러 들어온 물은 소금을 얻기 위해서 끓었다. 700년이 넘게 존재해오는 동안 소금을 7,500만 톤을 캐내었는데 화차에 싣고 열을 세우면 적도의 1/5길이에 해당된다고 하니 어느 정도인지 잘 가늠이 안 된다.

우리는 악명 높은 히틀러의 아우슈비츠수용소 박물관을 보기 위해 발길을 옮겼다. 그동안 각종 영화에서 본 뼈만 앙상하게 죽어가는 유대인 수용자들의 참상이 머리에 떠올라 팔뚝에 소름이 돋으며 저절로 공포감을 느껴진다. 감방에는 죽어간 유대인 수용자들이 남기고 간 안경이 가득했고 또 옆방에는 그들이 남기고 간 신발이 방바닥에 꽉 차 있었다. 사람의 머리카락으로 만들었다는 천을 진열하여 놓기도 하였다. 시체를 화장하였다고 하는 지하 화장시설이 그대로 보존되어 있었다.

인류역사에 이런 유례를 찾기 힘든 반인륜적 범죄현장을 보면서 정치를 하는 사람이라면 누구나 꼭 한 번은 봐야 하는 박물관이 아닌가 하는 생각을 했다. 제2차 세계대전의 불행한 역사를

▲ 아우슈비츠 수용소 외부에서(2006. 11)

담은 세계유산으로는 아우슈비츠수용소, 비르케나우, 나치의 집단학살수용소가 있다. 일본사람들도 중국의 생체실험실인 731일부대나 종군위안부 등에 대하여 자신들의 죄를 속죄하고 반성하여 이웃나라들로부터 신뢰받을 수 있는 나라가 되었으면 좋겠다는 것을 아우슈비치수용소를 보면서 생각했다.

잠깐 여기서 2차 세계대전의 주범인 히틀러에 대하여 살펴보자. 아돌프 히틀러(1889-1945)는 오스트리아 사람으로 세관원인 아버지와 20살 연하의 어머니 밑에서 태어났다. 오스트리아의 빈에 있는 미술학교에 2차례 낙방하고 페인트공과 엽서를 그리며 생계를 유지하다가 1914년 1차 세계대전 때 이름 없는 병사로 전쟁에 참여한다. 나중에는 정치에 참여, 게르만족의 우월성을 강조한 한 연설이 인기를 얻게 되어 승승장구하며, 나치당의 당수가 되고 독일 총통이 된 인물이다.

히틀러가 유태인을 죽인 이유는 간단하다. 당시에 유태인들이 너무 잘 살아서 포천 말로 배알이 틀렸던 것 같다. 그래서 유태인들이 죽으면 그 돈이 독일로 유입되기 때문이라는 설과 또 하나는 히틀러의 어머니가 유태인과 도망을 갔기 때문이라는 설, 그리고 히틀러가 미술학교에 시험칠 때 감독관 6명 중 4명이 유태인이었기 때문에 떨어졌다는 설이 있는데 모두 추측일 따름이다.

1940년 베를린 회의에서는 유태인을 말살하기로 결정하고 세계 곳곳에 있는 유태인들을 살기 좋은 곳으로 이주시킨다고 꾀어 이곳으로 데려와 중노동과 각종 생체실험을 실시한 후 죽였다. 2차 대전이 끝나고 사라진 유태인 수만 600만 명이고, 공식적으로 사망이 확인된 사람이 150만 명이다. 그래서 그때 죽은 유태인을 대략 400만 명으로 추정한다고 한다.

또다시 우리 일행은 숙소로 돌아와 한밤을 유한 뒤 2006년 11월 27일, 체코의 칼를교를 방문하였다. 불타바강 유역에는 13개의 다리가 있는데 이 가운데 가장 아름다운 다리는 중앙 유럽에서 가장 오래전에 건축된 석조다리인 카를교라고 한다.

이 다리는 1357년 카를 4세 때 당시 교회 건축가 팔레지가 건축한 다리로 다리 양쪽 난간에 소재를 발췌해 성상이 한쪽마다 15개씩 모두 30개가 있다. 다리 중간쯤에 이르면 유일하게 청동으로 제작된 성 요한 네포무 성상이 있다. 성상에 손을 대고 소원을 빌면 이루어진다는 이야기가 전해내려 오기 때문에 많은 사람들이 소원을 빌러 구름처럼 방문한다.

망막출혈로 인한 병상일지

1998년 11월 각종 업무 등 스트레스로 인하여 좌측 안(眼)에서 갑자기 올챙이 알 같은 것이 둥둥 떠다는 것이 보였다. 그래서 포천에 있는 안과에 가서 진찰을 받은 바, 망막(網膜)분지 폐쇄증이라는 병명의 병을 얻었다.

안과에서 처방한 소염제를 1개월 정도 복용하니까 보이기 시작했으나 1개월마다 주기적으로 출혈이 되어서 3개 대학병원인 카톨릭의대, 한양대, 경희의료원을 순서적으로 내원하여 진찰받은 바, 눈 영양제인 아이콤과 소염제인 바리다제를 처방받고 복용하면 유리체에 있는 피가 흡수되는지 시력이 보이였다. 그러다 다시 또 터지면 시야가 전혀 보이지 않았다.

200년 4월에 경희의료원에 내원하여 안과 담당의에게 눈에 관하여 설명을 들었다. 수술비는 약 400만원이 든다고 한다. 치료방법은 유리체에 솜을 넣고서 약 1개월간 입원해야 된다고 하여 망박 박사인 곽형우 교수에게 특진을 신청하여 재설명을 들었다. 곽 박사는 정확한 병명도 알려주지도 않고 무조건 유리체 절제를 하여 그 속에 있는 피를 제거한 후 망막을 보아야 한다고 하기에 그해 4월 25일 경희의료원에서 수술하기로 한 것은 포기하였다.

그 이후에 평소 알고 지내던 서울에 살고 있는 스마일상사 이원남 대표가 나도 몇 년 전에 골프를 치러갔는데 갑자기 망막출혈이 되어 공이 보이지 않았다고 했다. 그래서 강남에 있는 망막 권위자에게 진찰을 받고 통근치료를 받았지만 별 차도가 없어 포기하고 기(氣)를 받아서 치료가 되었다고 했다. 그 말에 귀가 솔깃하여 기(氣)치료를 하는 사람을 소개해달라고 부탁을 했다.

이원남 대표가 소개한 사람은 서울 관악구 봉천동에 살고 있는 화타 선생이라고 하는 김용모 씨였다. 나는 김용모 씨에게 눈 출혈에 대하여 이야기하면서 수십여 차례에 거쳐 1회당 2만원씩 주고 기(氣)를 받았다. 기치료를 받는 그 순간에는 온몸이 짜릿하고 발이 상하로 약 10분 정도 흔들렸다. 그때 그가 내 눈을 보더니 눈 속에 피가 많이 고여 있으니 눈과 관련된 손가락에 사혈침을 놓으면 피가 빠지게 되면 잘 보일 거라고 하여 열심히 치료를 받았으나 차도는 없었다.

직장 일을 마치고 집에 와서 우측 눈을 가리고 좌측 눈으로 보려고 하면 아무것도 보이지 않는다. 혹시나 지금은 왼쪽 눈만 안 보이는데 향후에 오른쪽 눈도 안보이면 어떡하나? 걱정이 되어 직장동료였고 평소 알고 지내던 경희고교 서무과장인 서용남(作故) 친구와 안부전화를 하는 과정에서 눈에 관한 이야기를 하게 되었다. 그 친구는 안암(眼癌)으로 국내에서는 고치지 못한다고 하여 미국에 가서 수술을 했다고 하면서 많이 좋아졌다는 말을 듣고 나도 미국에 가서 수술을 하려고 하였다

그러나 2,000년 5월 중순 경에 화현면에 벽진이씨 종친회 회장님을 우연히 만나게 되어 눈에 대하여 자초지정을 이야기했다. 그러니까 중국에서 나오신 양의겸이란 한의학 박사를 초빙하여 내 몸에 대한 진찰을 하더니 간에 열이 많아서 눈에서 출혈이 된다고 했다. 그래서 간의 열을 식히는 약과 눈에 고여 있는 피를 흡수하는 약을 복용하면 치료가 된다고 하여 실행하였다.

그 이후에 중국의 등소평 주치의를 했고 그 나라에서는 6번째로 유명한 동방기인(東方奇人) 계연원이가 보면 고칠 수 있는 병이라고 하여 2000년 7월에 회장과 함께 중국북경에 살고 있는 동방기인을 만나러 갔다. 그렇지만 얼굴만 잠깐 보고 바쁜 관계로 치료는 받지 못했다. 다만 한국인 의사가 근무하는 제약회사에 의사라고 하는 사람에게 눈에 좋다는 약만 60만원어치 구입하여 복용하였지만 효용은 없었다.

이제 나의 눈은 더 이상 치료는 불가하고 뜸이나 뜨고 사혈침(四穴針)이나 맞으면서 지내라고 하는 것인가 하고 나는 의기소침하였다. 다만 한 가닥의 기대만 걸라고 하여 2000년 10월 6일 이종기 회장님과 동행하여 강원도 원주에 살고계시는 야구선수 홍 아무개의 아버지를 만났다. 그분께서 나의 눈을 보더니 침과 뜸을 뜨면 나을 것이라고 했다. 그래서 다음해 1월 말까지 20여

회에 거쳐 열심히 침과 사혈침을 맞으면서 피를 냈지만 별 효과는 없었다.

2001년 8월 20일경 서울지법 의정부지원 부장판사 동생인 차아무개에게 우연히 눈에 관한 이야기를 하니까 그 이튿날 서울대학교 안과병원에 당뇨, 고혈압이 아닌데 망막출혈이 된 환자를 담당하는 교수에게 9월 1일 전화 예약을 하였다는 연락을 받았다. 예약 일자에 서울대 안과에 가서 망막, 유리체출혈 담당인 유형곤 교수에게 진찰을 받은 바, 흔히 있는 유리체(초자체)출혈이라고 하면서 유리체 절제술(Vitrectomy)을 해야 한다고 하여 일단 2001년 11월 21일 날 수술날짜를 받았다

수술 전 9월 21일에는 각종 안저 및 초음파검사, 9월 28일은 결과에 대한 미진한 부분 피검사를 마친 후 당초의 수술날짜를 기다렸으나 갑작스럽게 수술날짜가 앞당겨져 10월 15일날 병원에 입원한 후 10월 16일 밤 10시 30분경에 주치의 오원혁 의사로부터 수술에 관하여 상세한 설명을 들었다. "마취는 국소마취, 수술 중 2시간 동안 기침이나 재채기 금지, 수술 중에 망막이 구멍이 나면 메꿔야 되고, 떨어지면 붙여야 되며, 유리체내에 가스를 주입하게 되면 엎드려서 잠을 자야 하고, 수정체가 망가졌으면 다시 넣어야 하며, 충혈은 오래 가야만 없어진다."는 등의 수술 중에 나타날 수 있는 후유증을 상세히 들은 후 이의가 없다고 수술동의서에 서명 날인을 했다.

10월 17일 날 7시 30분에 수술실에 가서 대기를 하고 유형곤

교수의 1시간 30분 만에 집도로 수술이 완료됐다. 회복실에서 잠시 있다가 눈을 떠보니 모든 물체가 선명하게 보였다. 새 세상을 만난 듯 고맙고 좋아 눈물을 흘렸다. 3년 만에 안 보이는 눈을 보게 해주신 의료진에게 감사드린다.

망막출혈로 인하여 한쪽 눈이 전혀 보이지 않았는데 사무실에 자리를 비우면 흠이라도 있을까봐 망설이고 망설이다가 용기를 내어 수술을 받아 며칠 간의 휴식으로 업무추진에 충전의 기회가 되었다.

5부

나눔이라는 봉사의 술

재선충병 피해목 보상법은 제정되어야 한다

포천에도 예외 없이 2006년부터 소나무류 재선충병이 발생하였다. 광주, 남양주에 이어 2006년에 처음 발생되어 급속도로 확산되고 있었다. 정부의 대책은 피해목 벌채하여 1.2m 정도로 토막을 낸 후 킬퍼액제 원액(메탐소 등 25%)을 뿌린 후 비닐(타포린)로 밀봉하여 훈증처리하거나 재선충 매개충인 솔수염하늘소의 몸체 길이가 약 2cm이므로 그 이하로 파쇄한 후 폐기물 처리하거나 또는 매몰이나 소각으로 처리하고 있다.

그러나 산주의 입장에서는 수십 년 동안 애지중지 길러온 임목을 재선충병이 걸렸다는 사유로 갑자기 베어진 현장을 보면 허탈하고 국가를 원망하지 않을 수 없다. 소나무류 재선충병은 매개충이 솔수염하늘소로서 한 마리가 1mm 정도 되는 실 같은 선충을 10만 마리 이상을 몸속에 달고 다니다가 신초(新草)가 나오는 5-8월 경에 신초를 갉아먹는다.

그러면 갉아먹은 상처에 재선충이 들어가서 나무줄기의 가도관을 막아 시름시름 죽는 법정 감염병이다. 일단 발생되면 치료약이 없어 100% 죽는 병이며 다른 나무로 전파될 우려가 있어 산림정책상 벌채하여 폐기물 처리하는 것은 이해가 간다.

현실정은 어떤가? 축산농가에서 기르던 소, 돼지에 발병되는 구제역이나 조류독감인 AI도 법정 감염병인데 정부에서 살처분하여 매몰하고 현싯가대로 보상을 해준다. 그러나 임업인들은 한 푼의 보상도 없어 같은 국민으로서 형평에 맞지 않고 부적합하여 2014년 6월에 산림청 산림병해충 방제과에 소나무 재선충병 피해목에 대하여 처분할 시에는 산주에게 임목 보상을 해야 된다고 산림분야 규제개혁 특별공모 기회가 있어 국민제안서를 제출한바 있다.

그러나 산림청에서는 임목보상금을 지급할 수 있는 법적인 근거가 없으므로 보상할 수 없으며 현재 발생된 피해목을 처리하는데 필요한 예산도 부족한 실정이라 하였다. 그러면 피해목 보상을 지급할 수 있는 법적으로 제도적인 장치는 보상법 제정이다.

그래서 2014년 8월부터 2016년 6월까지 틈틈이 관내를 돌아다니면서 산주나 임업인을 만날 때마다 피해목 보상에 따른 법 제정을 해야 한다는 취지를 설명하면 '꼭 해야 된다.'고 모두가 공감하여 서명록에 날인 또는 사인을 받은 사람이 약 550명이다.

2016년 6월에 국회 농림축산식품해양수산위원회에 소나무류 재선충병 보상관련법 제정건의를 본인을 비롯한 550명이 제출하였으나 아무런 반응이 없었다. 그래서 누차에 걸쳐 서면으로 촉구하고 지역구 국회의원 보좌관에게도 확인하여 추진될 수 있도록 건의한 바 있으나 묵묵부답이었다.

참 안타까운 실정이다. 우리관내 신북면 남청산 지역에는 잣나무단지로서 잣수확 농가는 재선충병이 언제 발생될지 불안에 떨고 있다. 이에 대한 대책이 무엇이 있을까? 수간주사를 하면 100%예방이 가능하다는데 관련부서에서 예산이 없다는 사유로 앞으로 산주는 죽어가는 잣나무만 쳐다보아야 하는 것이 현실이다.

재선충병에 발생된 나무에 대하여 산주에게 보상하는 법이 없어도 지금까지 한 번도 큰 목소리를 내지 못한 순진한 임업인(산주)에게도 축산농가와 같이 보상을 받을 수 있도록 법적인 장치가 이루어져야 하는데 나서야할 사람은 산림부서 관계자와 임업인 모두가 함께 온 힘을 기울여야 한다.

수원함량보안림 규제완화

지난 수십 년 간 산림정책 프레임에서 업무를 하면서 불합리한 부분에 대하여는 과감하게 개정할 필요성이 있다고 생각한다. 전국토의 64%를 차지하고 있는 임야 내에서 각종규제로 인하여 행위가 제한되고 있으므로 산림소유자의 입장은 임야는 목재를 비롯한 모든 면에서 재산가치가 없으므로 무용지물이 되어가고 있는 실정이다.

특히 산림보호법 제7조 제1항 및 동법 시행규칙 제3조에 의거 저수지 주변에는 농업용 저수량에 직접적인 영향을 준다고 하여 제1종 수원함양보호구역으로 지정하여 국가차원에서는 공익적 가치는 있을 수 있지만 개인적으로는 사유재산을 활용할 수 없을 뿐 아니라 침해되고 있으므로 산주의 입장에서는 그동안 산림정책에 대하여 불만을 토로하고 있다

그 현황을 살펴보면 산림보호법 시행규칙 제3조에 의거 하류의 저수지로 부터 약 1km까지 제1종 수원함양보호구역으로 지정토록 되어 있기에 구 산림법제정(1961. 2) 시 수원함양보안림

으로 지정한 후 목적달성기간이 만료되었음에도 저수지가 있어 재 지정하여 각종 행위(개발 등)가 제한되고 있다.

농업용수 목적으로 개설된 저수지는 농업기반 공사에서 관리하고 있으나 현 실태는 위 공사에서 거의 특정인에게 위탁을 주고 저수지 내 물을 이용하는 농지 경작자(몽리자)는 시설 채소 등으로 임대하여 개인 관정을 설치함으로써 저수지의 물을 이용하는 사례가 급감하고 있으므로 당초 목적의 저수지로서의 기능이 상실되어가고 있는 실정이다.

수원함양보호구역 내에는 지목상 전·답(농지)이라는 사유로 개별법에 의거 각종개발을 하고 있을 뿐 아니라 저수지 내에서는 농업기반공사에서 위탁받아 각종 관광레저산업 및 낚시터로 이용하여 소득을 챙기고 있으나 정작 저수지 주변 산림소유자는 규제로 인하여 이용할 수 없는 실정이다. 이에 산림소유자는 관련법(산지관리법 및 산림보호법)에 형평성이 없다고 불만을 호소하면서 수차에 거쳐 산주들이 산림청등 관계기관에 수원함양보안림 내에 규제를 해제하여 달라고 진정서를 제출하였다. 그러나 현행법으로는 규제를 해제할 수 없다는 것이 결론이다.

수원함양보호구역 내에서도 구 산림법 제정(1961년) 이후부터 규제만 고집할 것이 아니라 지역실정을 고려하여 저수지 주변에도 산림소득작물을 재배할 수 있는 형질변경이나 인위적인 훼손을 지양하는 자연친화적인 전원주택 단지 등을 허용하여 산림을 효율적으로 활용할 수 있도록 법을 개정하여 산주의 소득증대에 기여하는 것이 바람직하다. 그러나 언제 규제완화가 이루어질지 답답하기만 하다.

임업인의 소외감

은퇴 후, 잠시 시간을 내어 그동안의 추진하였던 일들을 생각해본다. 고정된 틀에 의거 산림청책을 추진했지만 현실과 맞지 않은 부분이 주마등처럼 떠올리면서 하나하나씩 적어본다

우리 포천시의 임야는 토지면적에 비하여 약 65%다. 산림면적의 66%는 개인이 소유하고 있는 사유림이고 산주수는 약 12,000명이다. 전국적으로 볼 때 산주가 심은 국내 목재 자급률은 16% 수준으로 대부분 뉴질랜드 등의 수입목으로 의존한다

지난 수십 년 동안 우리는 나무를 베고 심고 가꾸어 왔다. 임업분야는 40년 정도라야 한 번 수확하는데 반해 농업분야는 1년에 거의 한 번 축산분야는 길어야 약 3년 미만이다. 임업인 한 사람이 일생동안 한 번의 수확을 기쁨을 맞게 된다.

그동안에 농업인은 추곡수매 가격을 인상하라, 축산인은 소, 돼지 가격 파동과 AI와 구제역으로 살처분된 것을 현싯가 보상요구 등으로 관련협회, 조합, 영농단체 등에서 국회 앞 시위를 하며 구호를 외쳐왔다.

반면에 법정 감염병인 소나무류 재선충병이 발생하였다고 행정기관에서 산주도 모르는 사이에 한 푼의 보상도 없이 에지중지 가꾸어온 우량한 나무를 베어서 파쇄하여 폐기물로 처리하고 있음에도 임업인들은 한 번이라도 큰 목소리를 내지 않았다.

임산물 가격 인상요구나 산주를 외면하며 과거 고리타분하게 고정 틀에 박힌 법규를 개정해 달라고 한 번의 단체 행동을 한 적이 있는지 묻고 싶다.

임야에서 수확 벌채를 하는 것은 산림자원의 조성 및 관리에 관한 법률에 의거 산주가 관할 단체장에게 허가를 받아서 실행하는 벌채사업이다. 임업인들이 나무를 심고 가꾸어서 벌기령이 되어 경제가치가 있는 목재를 생산하여 소득을 올리는 것을 정당한 보상을 받을 수 있는 최소한의 경제활동으로 보상받아야 한다.

동식물도 나이가 먹어 오랜 세월이 지나면 제 기능을 못한다. 나무라고 예외일 수는 없다. 노령목은 탄소흡수량이 적어지는 것은 당연한 자연의 이치다. 그래서 나이가 먹어 벌기령에 도달된 나무를 못 베게 한다면 임업인의 생존권을 박탈하는 것으로 생각한다.

임업은 다른 분야에 비해 소득이 적을 뿐 아니라 열악한 업종이다. 농업분야는 수년전부터 농가의 소득안정을 위해 농업공익직불금제도가 운영되어 농업인들에게 힘을 실어주고 있다.

그런데 임업분야는 어떤가? 한마디로 농업과 축산분야에 비하여 똑 같은 국민임에도 임업인들은 불평등한 대우를 받는다. 그나마 임업, 산림 공익기능 증진을 위한 직접 지불제도 운영에 관한 법률제정(안)이 지난 10월 국회 농림축산식품해양수산위원회 전체회의 심의를 통과한 후 11월11일에 국회 본회의를 통과하였다고 하니 반가운 소식이다.

법안의 주요 내용은 임업인의 소득안정과 산림의 공익기능을 증진하기 위해 임산물 생산업과 육림업에 종사하는 임업인에게 이행준수 의무를 부여하고, 일정한 기준에 따라 직불금을 지급하는 내용이다.

우리나라 산림의 공익적 기치는 연간 221조 원에 달하지만 2020년 기준 임가소득은 3,700만원으로, 농가의 82%에 불과하다. 농업은 공익직접지불제를 이미 시행중임에 따라 임업분야는 직불제 도입이 늦은 감은 있지만 다행이다.

2022년 10월부터 법이 시행되면 임가소득 향상에 기여할 것으로 기대하고 있다.

산림교육전문가로 일하다

청춘을 받쳐온 35년간의 공직생활을 마감하고 산림청에서 시행하는 국가인증제도인 산림교육전문가 자격증을 취득하였다. 산림교육전문가는 양호한 숲을 만나고 숲은 양호한 산림교육전문가를 만날 때 우리의 숲은 후손에게 자랑스럽게 물려줄 수 있는 탄탄한 자리매김을 할 것이다.

봄에는 생명의 잉태를 여름에는 생명의 성장을 가을에는 생명의 결실을 겨울에는 또 다른 생명의 잉태를 준비하는 곳이 숲이다, 그래서 자연을 봄, 여름, 가을, 겨울 사계절 순환하면서 다양한 모습과 빛깔로 이야기한다. 숲을 이루는 나무와 풀들은 조건에 얽매이지 않고 서로 다름도 거부하지 않으며, 스스로 지닌 존재 가치를 그대로 드러낼 뿐이다.

스스로 그런 자연(自然) 현상을 보고 감히 해설이라는 이름으로 끼어들었다. 숲과 오랜 인연을 맺어서 남들은 고수라고 하는 사람도 있지만 숲속의 세계를 들여다보니 단 1%도 모르는 걸음마 수준에 불과하다. 숲을 이야기하다 보니 오히려 숲에서 많은

▲ 천보산 자연휴양림에서 춘추동지회(전직 읍 · 면 · 동장) 회원과(2017. 8)

▲ 국립 운악산자연휴양림에서(2020. 10)

것을 보고 듣고 배운다.

이제는 단순히 정보 지식만을 숲을 찾아오는 사람들에게 알려 주기보다는 숲을 보고 느끼며 그 숲을 이야기하려는 사람들은 누구나 자신의 경험과 감성을 담아 더 재미있게 재구성하여 스토링텔링한다는 목표 아래 한 단계 높은 해설기법을 공부해야 한다.

숲 밖에서는 숲을 사랑하는 사람들이 많지만 막상 숲에 들어오면 그렇지 못한 것이 현실이다. 숲은 우리들의 평생 안식처가 되어야 한다. 누가 가꾸느냐가 아니라 우리 스스로가 가꾸어나가야 한다.

산림조합장에 출마해 낙선하다

2015년 3월 11일 제1회 전국 동시 조합장 선거는 공공단체 등 위탁선거에 관한 법률이 제정 공포됨에 따라 전국의 조합(농협, 축협, 산림조합, 인삼조합)이 동시에 치루는 첫 번째 선거일분 아니라 산림조합이 창설된 이후 조합원이 선출하는 직접 선거는 처음이다. 산림조합은 총 유권자수가 약 2,000명으로 65%인 1,300명이 투표를 한 바 나는 약 38%를 득하여 낙선했다.

아무것도 모르고 선거라는 판에 도전한 쓰라린 경험이 내 인생의 소중한 경험과 재산이 되었다고 생각한다.

산림조합장에 두 번째 출마해 또 낙선하다

2019년 3월 13일 제2회 전국동시 조합장 선거인 산림조합장 후보에 재출마했으나 선거인수가 2,375명 중 1,602명이 투표하여 668명(41.6%)을 득하여 낙선했다.

관내 외 산주 수 12,000명에 비하여 조합원수가 약 20%에 불과하므로 산주 모두가 조합에 가입하여 사유림 경영의 대표적인 조직으로 거듭날 수 있도록 바라는 마음이다.

주례(主禮)

2013년 5월 하순경에 친구에게 전화가 왔다. 딸이 혼인을 하게 되었으니 주례를 해달라는 부탁이다. 나는 주례를 설 만큼 덕망이 있지 않은 것으로 생각하여 좋은 사람으로 택하면 어떠냐고 하니까 무슨 소리냐고 하길래 친구의 청탁이고 좋은 혼사 일에 몇 번씩 고민하고 고민하다가 결정했다. 내 평생에 주례를 서서 평생 길동무를 만난 사람이 행복하게 잘살기를 바라는 마음에서 주례를 섰다.

주례사

- 2013년 6월 1일 12시 포천중앙웨딩홀

안녕하십니까? 산과 들에는 우거진 녹음방초가 산색을 온통 물들이고 있습니다. 푸르름을 만끽하는 신록의 계절인 6월 초하루에 양가의 어른을 모시고 하객 여러분의 축복을 받으며 평생 길동무를 만나서 새로운 가정을 이루는, 신랑 박OO 군과 신부유OO 양 두 분의 결혼을 진심으로 축하합니다.

그동안, 이 두 사람의 오늘이 있기까지 정성껏 키우고 가르쳐 주신 양가 부모님께도 축하의 말씀을 드립니다.

그리고 바쁘신 중에도 두 사람의 결혼을 축하해주기 위해서 이렇게 왕림해주신 내빈 여러분께도 신랑 신부와 양가의 부모님을 대신해서 감사를 드립니다.

이 자리에 참석하신 가족여러분을 비롯한 내빈여러분!

오늘 두 사람이 평생 길동무를 만나 하나가 될 것을 약속하는 이 뜻 깊은 자리의 주례를 본인이 맡게 되어 영광입니다만 한편으로는 신랑, 신부에게 무슨 말을 해야 할지 고민을 많이 했습니다.

그러나 오늘은 결혼 생활을 먼저해온 인생 선배로서 몇 마디 해보려 합니다.

결혼 전 연애는 '사랑'이라는 마술로 저절로 되는 경우가 많지만 결혼생활이란 꽃밭을 가꾸듯 많은 노력과 정성이 있어야 잘 유지 될 수가 있습니다.

우선 그 노력의 시작은 바로 서로의 차이를 인정해주는 것입니다

그동안 30여 년 간 각자의 인생을 살아온 이 두 분에게는 사소한 것부터 큰 것까지 많은 차이들이 있을 거라 생각됩니다. 그러나 어느 것이 옳고 그른 것은 없습니다. 다만 다를 뿐입니다

서로의 다름을 인정하는 것에서부터 두 사람의 하나됨이 시작

되는 것이 아닌가 생각합니다. 어느 사이에 두 사람은 반드시 닮아있게 될 것입니다. 그러니 느긋하게 서로를 바라봐 주십시오.

그리고 또 한 가지 말씀드리고 싶은 건 '서로를 존중해주십시오.' 가장 가까이에 있는 편한 사이 일수록 자칫 아무렇게나 대하기 쉬워집니다. 남편은 아내를 아내는 남편을 늘 존중하는 마음으로 대하여야 합니다. 또한 서로를 존중하는 부모를 보고 자란 아이는 자연스럽게 타인을 존중할 수 있게 된다고 합니다. 좋은 부부관계는 나아가 올바른 자녀교육에도 큰 몫을 차지한다는 걸 늘 명심하십시오.

마지막으로 말씀드리고 싶은 것은 가족 간의 화목입니다. 결혼은 두 사람만의 생활이 아닙니다. 부모님을 공경하고 형제, 자매간의 우애를 돈독히 할 줄 알아야 합니다. 항상 상대방을 먼저 배려하는 마음을 지닌다면 신랑, 신부는 어떤 문제가 닥치더라도 슬기롭게 잘 풀어나갈 것입니다,

이제 두 사람은 부부의 인연을 맺음으로써 새로운 삶이 시작될 것입니다. 살다보면 많은 어려움이 닥칠 수 있습니다.

그럴 때 무엇보다 필요한 것은 서로가 서로에게 힘이 되어주는 존재여야 한다는 것입니다. 서로 믿고 의지하십시오.

다시 한 번 당부를 드리자면

첫째는 있는 그대로 느긋하게 서로를 바라봐라. 그러면 서로가 닮아진다.

둘째는 서로를 존중해라. 그러면 좋은 부부관계가 된다.

셋째는 가족 간에 화목해라. 그러면 '어떤 문제가 닥치더라도 잘 풀어 나갈 수 있다.'라는 것입니다.

앞으로 두 분 앞에 다가올 수많은 세월을 따뜻한 마음씨로 서로 돕고 힘을 모아주면서 아무쪼록 다복하고 슬기롭게 살아가시길 진심으로 바라겠습니다.

그리고 두 분의 결혼을 진심으로 축하해주시는 선후배와 친지분들의 고마움을 가슴깊이 간직하며, 두 사람의 행복한 결혼생활로 모두에게 보답하실 것을 꼭 부탁드립니다.

두 사람 가정에 모든 행운과 모든 번영이 오래오래 깃드시길 기원하며 이만 주례사를 마치겠습니다. 감사합니다.

2013년 6월 1일

주례 박 찬 억

박찬억 회고록

어느 산림공무원이 걸어온 길

내가 걸어온 다섯 고개의 숲

초판발행일 2021년 12월 31일

지은이 : 박찬억
발행인 : 김순진
편집장 : 전하라
디자인 : 김초롱
펴낸곳 : 도서출판 문학공원
등 록 : 2004년 3월 9일 제6-706호
주 소 : (우편번호 03382) 서울 은평구 통일로 633
녹번오피스텔 501호 스토리문학사
전 화 : 02-2234-1666
팩 스 : 02-2236-1666
홈페이지 : http://www.munhakpark.com
이메일 : 4615562@hanmail.net

※ 책값은 뒤표지에 있습니다.

※ 저자와의 협의에 의해, 인지는 생략합니다.